Erste Schritte mit der GoPro Hero10

Eine wahnsinnig einfache Anleitung zum Aufnehmen von Videos und Fotos mit der Hero10

Scott La Counte

ANAHEIM, KALIFORNIEN
www.RidiculouslySimpleBooks.com

Inhaltsübersicht

Über den Autor

Einführung

Die GoPro Hero ist wohl die beste Action-Kamera, die man für Geld kaufen kann. Wenn Sie davon träumen, Ihre Reisen, Action-Aufnahmen oder mehr aufzuzeichnen, dann werden Sie von der Qualität der Videos, die sie produziert, geblendet sein. Auf dem Papier sehen die technischen Daten beeindruckend aus. In der Praxis muss man jedoch eine Menge lernen, um das Beste aus diesen Funktionen herauszuholen.

Dieses Buch führt dich durch alle Funktionen, die du kennen musst, und bringt dich auf den Weg zu einem filmischen Abenteuer! Es basiert auf der Hero10, aber wenn Sie eine Hero9 oder Hero8 haben, gelten die meisten der Funktionen auch.

Sie umfasst:

- Aufnahme Videos und Fotos
- Gesten
- Elektrische Werkzeuge
- Protune
- Schleifenbildung
- HiLight
- Übertragen von Medien
- Benutzerdefinierte Voreinstellungen
- Montage
- Software
- Mods
- Und mehr

Dieses Buch wird nicht von GoPro, Inc. unterstützt und sollte als inoffiziell betrachtet werden.

[1]

Erste Schritte

Wenn Sie eine GoPro Hero haben oder sich dafür interessieren, dann wissen Sie bereits, was sie ist und warum Sie eine brauchen oder wollen. Aber wenn es um Action-Kameras geht, gibt es eine große Auswahl. Brauchen Sie eine Hero 10 oder ist die 9 die bessere Wahl? Und was ist mit den anderen Action-Kameras? Denen von DJI und Insta360? Ist die GoPro wirklich die Beste - oder ist die Beste wirklich das, was Sie brauchen? Finden wir es heraus!

Hero 10 vs. Hero...

Die GoPro Hero ist ein bisschen wie das iPhone - es gibt das Spitzenmodell iPhone Pro, das einfach das Beste ist, und dann gibt es noch das normale iPhone und das SE; das SE hat vielleicht nicht den Schnickschnack des Pro, aber es hat immer noch Funktionen und eine Videoqualität, die dich von den Socken haut. So ist es auch bei der GoPro Hero. Sicher, die GoPro Hero 10 hat die neuesten und besten Funktionen, aber wenn Sie sich für die billigere GoPro Hero 8 oder 9 - oder sogar eine ältere - entscheiden, erhalten Sie immer noch Videos, die ziemlich bemerkenswert sind. Wie unterscheiden sie sich wirklich? Schauen wir uns das mal an.

Reden wir zuerst über die Videoqualität: Die Hero 10 nimmt bis zu 5,3k auf, die 9 schafft 5k, und die 8 schafft 4k. Also, ja - die Hero 10 ist die beste. Aber bedenken Sie: Wie viele Fernsehgeräte haben 5k? Für Sie persönlich spielt das vielleicht keine große Rolle, es sei denn, Sie wollen Ihre Videos zukunftssicher machen. Die 10 nimmt 5,3k bei 60 fps und 4k bei 120 fps auf, die 9 nimmt 5k bei 30 fp und 4k bei 60 fps auf, und die 8 schließlich 4k bei 60 fps.

Die 10 hat HyperSmooth 4.0, die 9 hat 3.0 und die 8 hat 2.0. Was bedeutet das? HyperSmooth ist die Stabilisierungsfunktion von GoPro. Für die meisten Menschen haben die Zahlen keine Bedeutung, aber Sie sollten wissen, dass die 4.0 die neueste Version ist und die beste Stabilisierung aller GoPro Modelle bietet. Wenn Sie also Videos aufnehmen, die ein wenig verwackelt sind, wird diese Technologie Ihnen wirklich helfen. Die 9 und die 10 verfügen außerdem über TimeWarp Video 3.0 zur Stabilisierung von Zeitrafferaufnahmen - die 8 verfügt über 2.0, was ebenfalls zur Stabilisierung beiträgt, aber eine ältere Technologie ist. Sowohl die 10 als auch die 9 verfügen über eine Funktion namens Horizon Leveling, die für ein ruhigeres Bild sorgt, wenn Sie rennen oder etwas tun, das stark verwackelt ist. Es gibt eine Funktion in der Quik App auf dem 8er, aber sie ist nicht in das Gerät selbst integriert.

Wie sieht es mit Fotos aus? Ja, die GoPro ist für die Aufnahme von Action-Videos gedacht, aber sie macht auch großartige Fotos; die 10 macht 23MP Bilder, die 9 20MP und die 8 12MP. Zwischen der 10 und der 9 ist es ziemlich knapp - zwischen der 10 und der 8 nicht so sehr, aber 12 MP ist die gleiche Auflösung wie beim aktuellen iPhone.

Das 9 und das 10 haben jeweils einen Vorschaubildschirm auf der Vorderseite, der hilfreich ist, wenn Sie ein Live-Video oder ein Selfie aufnehmen. Das 8 hat zwar einen Bildschirm, aber er zeigt nur den Status des Geräts an (z. B. ob es aufnimmt).

Eine weitere coole Funktion der 9 und 10, die bei der 8 fehlt, ist HindSight. Damit werden 30 Sekunden vor dem Drücken der Aufnahmetaste aufgezeichnet.

Was ist mit dem Prozessor, der die Geräte antreibt? Hier sticht das 10 wirklich hervor. Es ist mit dem neuesten GP2-Prozessor ausgestattet; das 8 und 9 haben den langsameren GP1.

Zwischen dem 9er und dem 10er fällt die Wahl etwas schwerer, aber wenn Sie den schnellsten Prozessor und das beste Video wollen, dann ist der 10er das Richtige für Sie. In jedem Fall werden Sie mit Ihrer Wahl nicht enttäuscht sein, da beide Modelle über hervorragende Videofunktionen verfügen.

Hero vs. Insta360 vs. DJI vs. Akaso

Die GoPro10 ist in den meisten Meinungen der Spitzenreiter der Meute. Jedes Mal, wenn etwas Neues auf den Markt kommt, werden Sie wahrscheinlich Berichte finden, in denen es heißt: "Aber wie ist es im Vergleich zur GoPro?" Die drei größten konkurrierenden Action-Kameras sind Insta360, DJI und Akaso.

Der DJI Osmo Action kommt der GoPro wahrscheinlich am nächsten. Sie nimmt mit 4k auf und hat eine 12MP-Kamera; die tatsächlichen Spezifikationen ähneln eher der Hero9 - oder sogar der Hero8. Es gibt auch die vielseitigere DJI Action 2, die entweder in einem kompakteren Modus oder mit der Kombi-Einheit abgenommen werden kann. Sie nimmt nur in 4k 25 fps auf.

Wenn Sie ein kleines Budget haben, ist die Akaso EK7000 Pro die beste Alternative. Sie ist keine schlechte Kamera, aber die Videoqualität wird Ihnen fehlen, wenn Sie sie neben höherwertigen Action-Kameras sehen; sie nimmt mit 4k 25fps auf.

Die Insta360 One sieht ein bisschen aus wie die DJI-Action, hat aber einige hochwertigere Funktionen - sie nimmt in 5,7k (oder 4k 60 fps) auf; man kann auch im RAW-Format aufnehmen, was von vielen Redakteuren bevorzugt wird; das herausragende Merkmal ist jedoch, wie anpassbar sie ist - sie kann zum Beispiel mit einer 360-Grad-Kamera ausgetauscht werden.

Kamera-Teile

Bevor wir die Kamera einschalten, sollten wir uns ein wenig umsehen. Wenn Sie sie öffnen, befindet sie sich in einem schönen

Gehäuse. Neben der Kamera und einer kurzen Anleitung gibt es ein USB-zu-USB-C-Kabel und einen Akku auf Kamerahalterungen.

Wenn Sie noch nie mit einer GoPro-Kamera herumgespielt haben, werden Sie wahrscheinlich von ihrer Größe und ihrem Gewicht überrascht sein.

An der Unterseite der Kamera befinden sich die Befestigungsklammern (die sogenannten Folding Fingers).

Das sind gefaltete Clips, die sich nach außen klappen lassen, damit du den Hero an etwas befestigen kannst.

Auf der linken Seite befinden sich das Akku- und das SD-Fach. In den großen Teil kommt der Akku, rechts davon die microSD-Karte und schließlich der USB-C-Anschluss ganz unten, über den Sie Ihren Akku aufladen (Sie können auch das optionale Ladegerät von GoPro kaufen) oder Dateien übertragen (Sie können Dateien auch mit einem SD-Lesegerät auf Ihrem Computer übertragen).

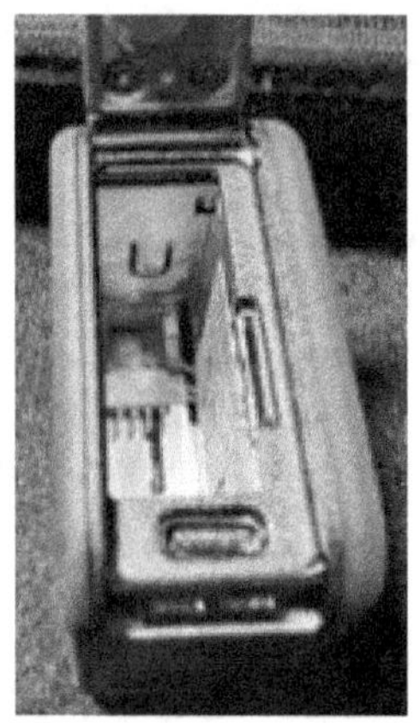

Das erstmalige Öffnen dieser Klappe ist etwas schwierig; am unteren Ende der seitlichen Öffnung befindet sich eine Einkerbung - legen Sie Ihren Finger dorthin und drücken Sie ihn nach unten, bis er aufspringt.

Auf der gegenüberliegenden Seite des Batteriefachs (rechte Seite) befindet sich die Modustaste. Mit der Modustaste schalten Sie zwischen den verschiedenen Kameramodi um. Wenn Sie die Modustaste drei Sekunden lang gedrückt halten, wird die Kamera eingeschaltet; wenn Sie sie im eingeschalteten Zustand drei Sekunden lang gedrückt halten, wird die Kamera ausgeschaltet.

Auf der Oberseite der Kamera befindet sich schließlich der Auslöser. Damit können Sie Aufnahmen starten und Fotos machen.

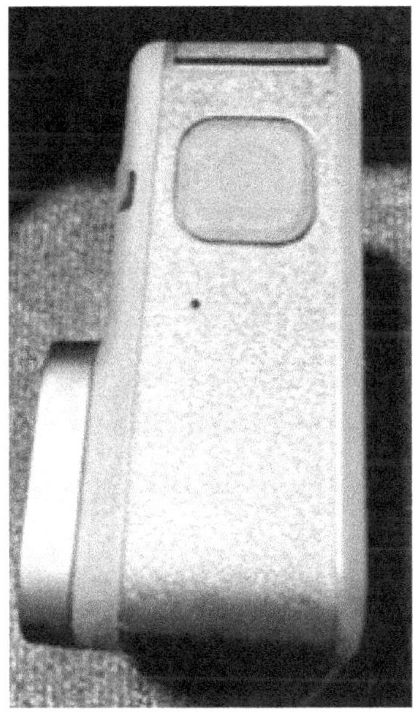

SD-Karte

Im Lieferumfang der GoPro Hero ist keine SD-Karte enthalten; Sie müssen sich eine besorgen. Seien Sie hier vorsichtig, denn es gibt viele billige Karten im Internet. Diese sind möglicherweise nicht das Beste für Ihre Kamera. Sie brauchen eine Karte, die große Datenmengen schnell verarbeiten kann - manche SD-Karten können das nicht (auch wenn sie viele Daten speichern).

Auf der Website von GoPro wird derzeit eine microSD-Karte mit v30- oder UHS-3-Einstufung empfohlen. Außerdem werden insbesondere diese beiden Karten empfohlen:

Sandisk Extreme, Extreme Plus, Extreme Pro: 32/64/128/256/512GB

Lexar Professional 1066x Silber Serie: 64/128/256/512GB

Ich persönlich benutze die Lexar 1066x mit 128 GB und habe sie für $25,99 gekauft. Mein Vorschlag ist, die billigste der beiden oben genannten zu wählen, wo immer Sie einkaufen, weil sie beide gute Karten sind.

Einrichten der Kamera

Es gibt zwei Möglichkeiten, die Kamera einzurichten: erstens auf der Kamera und zweitens auf der Kamera und auf dem Telefon. Die zweite Methode ist vorzuziehen. Sie brauchen zwar technisch gesehen kein Telefon, um Ihre Kamera in Betrieb zu nehmen, aber es geht viel reibungsloser, wenn Sie es tun. Außerdem ist es dann einfacher, Aktualisierungen für Ihre Kamera vorzunehmen.

Um loszulegen, schalten Sie Ihre Kamera ein, indem Sie den Auslöser drücken, bis Sie ein Geräusch hören.

Wenn Sie die Kamera zum ersten Mal benutzen, sehen Sie das GoPro Logo.

Die GoPro Hero hat ein Touchscreen-Display. Wenn der Sprachbildschirm erscheint, tippen Sie auf Ihre Sprache und dann auf das Häkchen.

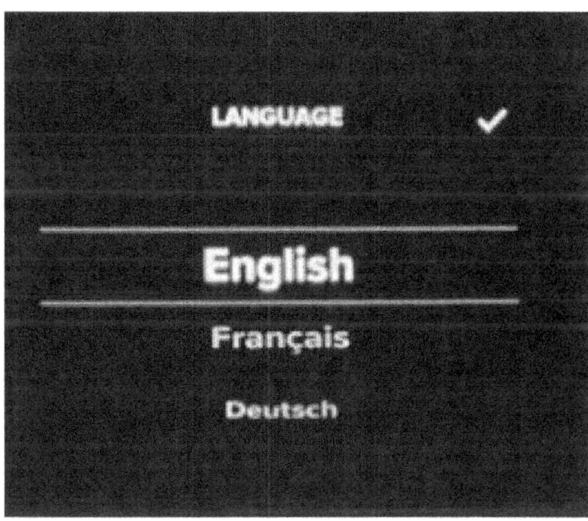

Als nächstes müssen Sie den Nutzungsbedingungen von GoPro zustimmen.

Die nächste Frage bezieht sich auf die Aktivierung des GPS-Tagging. Damit kann Ihre Kamera wissen, wo Sie sich befinden und Ihre Fotos markieren. Wenn Sie also durch Ihre Fotos gehen und sich fragen, wo etwas aufgenommen wurde, wird dieser Ort im Foto gespeichert. Diese Funktion ist optional, d. h. Sie können sie ein- oder ausschalten und Ihre Kamera trotzdem verwenden.

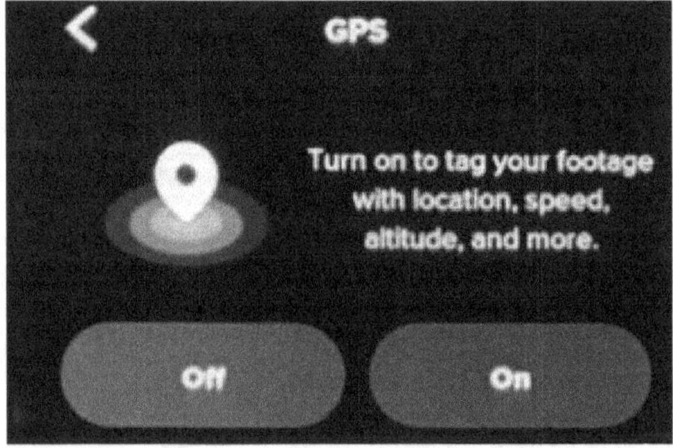

Von hier aus werden Sie direkt zur GoPro Quik App auf iOS oder Android. Dies ist optional. Wenn Sie die Installation auf Ihrem Telefon nicht durchführen möchten, tippen Sie auf die Zurück-Taste.

Wenn Sie auf Zurück tippen, gelangen Sie zum Bestätigungsbildschirm. Tippen Sie auf "Weiter", wenn Sie Ihre Meinung ändern, oder auf "Einrichtung überspringen", um zur Kamera zu gelangen. Auch hier empfehle ich die Verwendung der App.

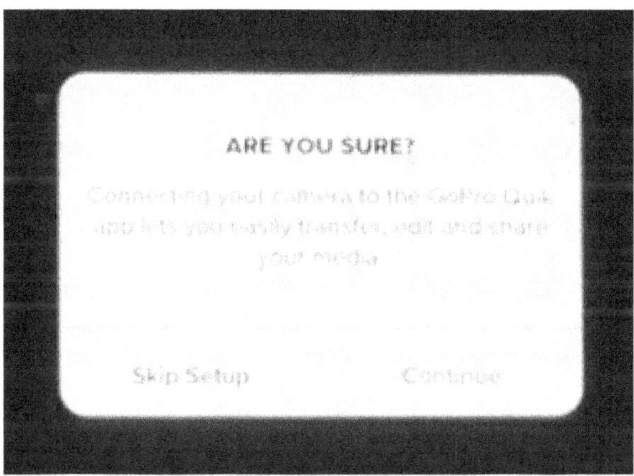

Um die App herunterzuladen, gehen Sie in den App Store Ihres Geräts und suchen Sie entweder nach GoPro oder Quik. Der Download ist kostenlos.

Wenn Sie die Quik App zum ersten Mal starten, erscheinen mehrere Pop-ups, in denen Sie um Erlaubnis für bestimmte Aktionen gebeten werden. Das erste ist der Zugriff auf Ihre Fotos, damit sie Fotos aus Ihrer Bibliothek in Ihrer App verwenden kann.

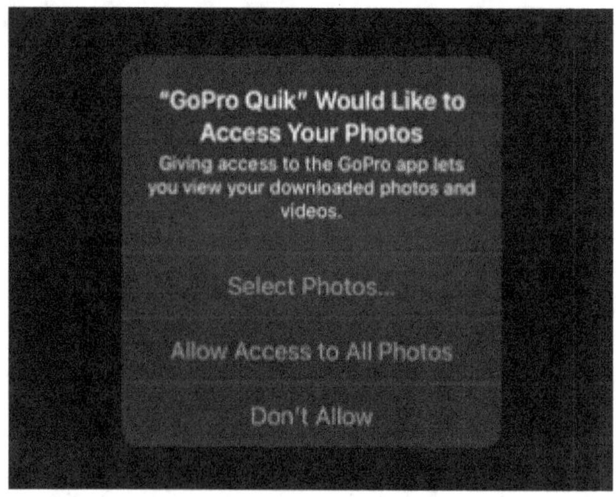

Als Nächstes werden Sie aufgefordert, Bluetooth in der App zu aktivieren, damit Sie Ihre GoPro steuern können (Sie können sogar ein Bild aufnehmen und eine Vorschau in der App sehen, während Sie die Kamera verwenden).

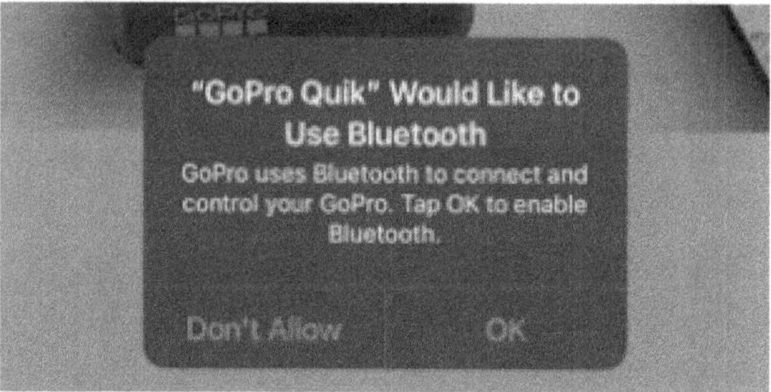

Schließlich werden Sie aufgefordert, Ihre Internetverbindung für die Verbindung mit dem Gerät zu verwenden.

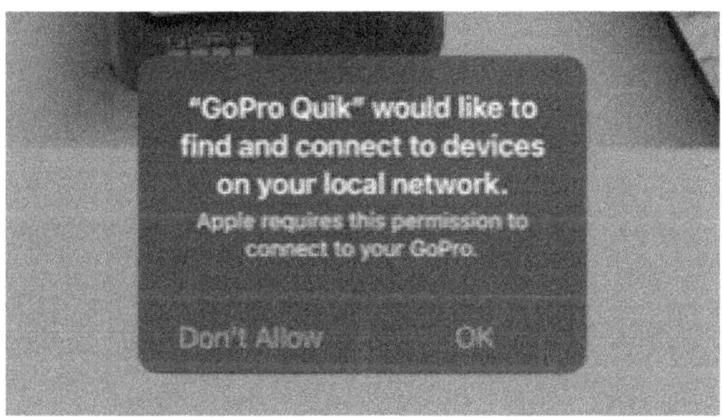

Sobald Sie all dies getan haben, werden Sie gefragt, ob Sie eine GoPro besitzen. Klingt albern, oder? Warum sollten Sie die App benutzen, wenn Sie keine haben? Weil Quik auch ein Foto-/Videobearbeitungsprogramm ist und Sie es technisch gesehen auch ohne die GoPro Hero verwenden könnten.

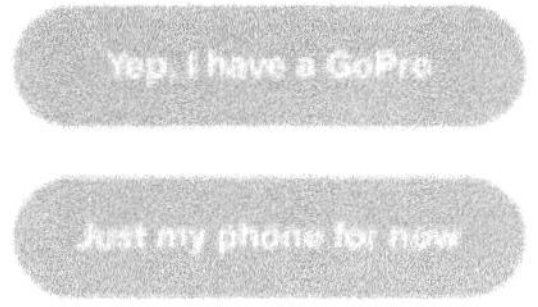

Als Nächstes müssen Sie sie koppeln. Tippen Sie auf Meine GoPro koppeln.

Es wird nun mit der Suche nach der Kamera begonnen.

Wenn Sie Ihre Kamera in der Nähe haben und sie eingeschaltet ist, sollte die Kopplung recht schnell erfolgen.

Sie müssen Ihrer Kamera einen Namen geben, nachdem Sie sie gekoppelt haben. Das kann ein lustiger Name sein oder Sie können sich an einen allgemeinen Namen halten denken Sie nur daran, dass er mehr als 8 Zeichen und keine Sonderzeichen enthalten darf.

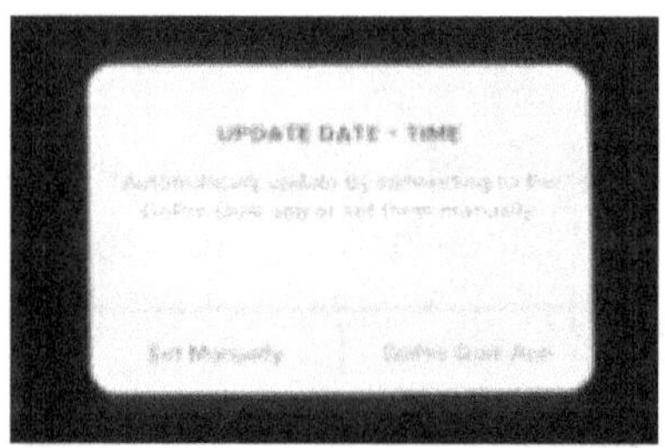

Auf der Kameraseite sollten Sie jetzt eine Meldung über die Aktualisierung von Datum und Uhrzeit erhalten. Auch hier können Sie dies manuell tun, aber es ist viel einfacher, wenn die App dies für Sie erledigt.

Wenn Ihre Kamera neu ist, ist die Wahrscheinlichkeit groß, dass die App Ihnen bereits Nachrichten über die Aktualisierung Ihrer Kamera geschickt hat. Tun Sie das unbedingt. Es könnten nicht nur mehr Funktionen hinzugefügt werden, sondern auch die Leistung könnte verbessert werden.

Für die Aktualisierung muss lediglich erneut eine Verbindung zu Ihrer Kamera hergestellt werden.

Connecting...

Es erscheint ein kleines Pop-up-Fenster, das Ihnen mitteilt, dass es sich mit dem WLAN verbinden möchte; tippen Sie einfach auf Verbinden, um loszulegen.

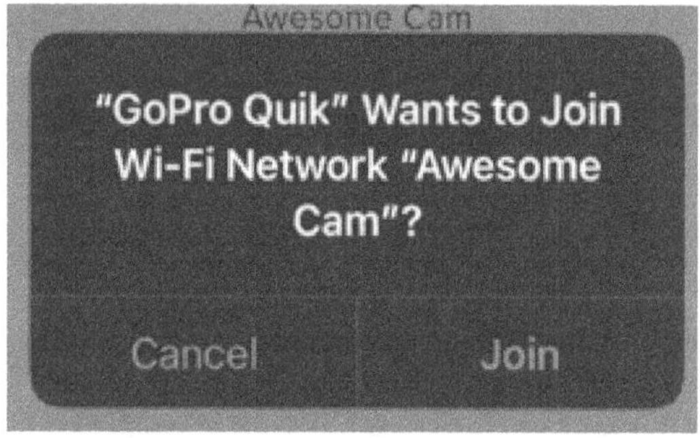

Vor der Aktualisierung werden Sie über alle Funktionen des Updates informiert, so dass Sie entscheiden können, ob Sie lieber warten möchten; aber auch hier gilt: Wenn es ein Update gibt, empfehle ich es dringend. Viele Dinge scheinen unbedeutend zu sein, aber sie können einen großen Einfluss auf die Geschwindigkeit und Leistung der Kamera haben.

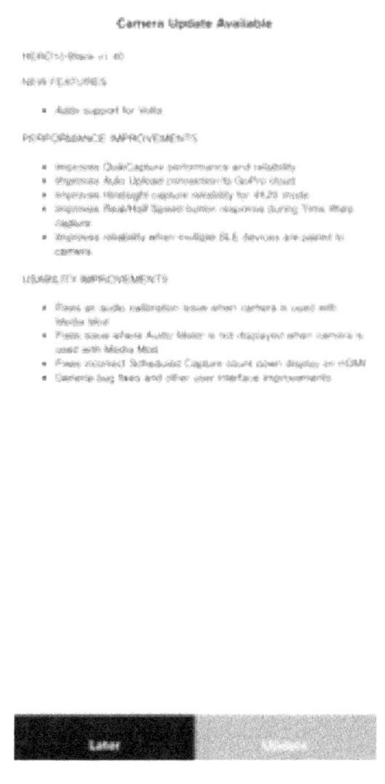

Bevor Sie mit der Aktualisierung beginnen können, müssen Sie einigen Bedingungen zustimmen.

Wenn du deine GoPro Hero gerade erst aus der Verpackung geholt hast, bist du wahrscheinlich aufgeregt, sie zu benutzen - und sie ist eingeschaltet, also kannst du loslegen! Der Akku reicht aus, um ein kurzes Video aufzunehmen, aber leider nicht für ein Update.

Sobald der Akku ausreichend geladen ist, erhalten Sie eine Meldung, dass die Aktualisierung beginnen kann. Tippen Sie auf die blaue Schaltfläche "Fortfahren", um die Aktualisierung durchzuführen.

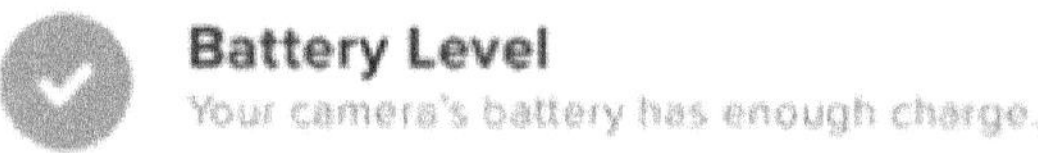

Sie sehen den Fortschritt bei der Aktualisierung des Geräts und der Übertragung an die Kamera.

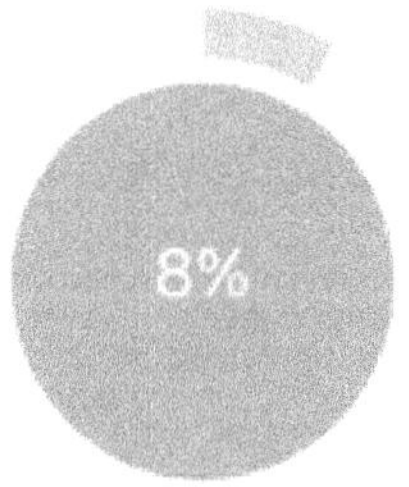

Achten Sie darauf, die App nicht zu schließen oder die Kamera auszuschalten, bis der Vorgang abgeschlossen ist.

Sobald alles fertig ist, wird es auf dem Bildschirm bestätigt.

All Set

Wenn dies Ihre erste Kamera ist, werden Sie wahrscheinlich eine Nachricht über den GoPro-Abonnementdienst erhalten. Sie können später im Buch mehr darüber lesen. Überspringen Sie also den Abschnitt, wenn Sie die Informationen jetzt brauchen. Wenn Sie das Einführungsangebot mit 50 % Rabatt erhalten, rate ich Ihnen, es anzunehmen, aber lesen Sie noch einmal den Abschnitt weiter unten in diesem Buch, um zu entscheiden, ob es das Richtige für Sie ist.

GoPro-to-cloud auto upload
Your GoPro will auto-upload any new photos and videos to the cloud while charging.

Unlimited use of Quik
Full use of Quik, all premium editing tools, unlimited photo + video imports and more.

Save $100 USD on your next GoPro
Good for up to 3 new cameras a year.

Unlimited cloud storage
Your mural and app media are saved at 100% quality, so your favorite memories are always safe.

Up to 50% off at GoPro.com
Subscribers save up to 50% on ALL mounts.

[2]

Die Grundlagen

Der Sinn dieser einleitenden Kapitel ist es, Sie mit Ihrer Kamera vertraut zu machen und Ihnen genügend Informationen zu geben, damit Sie mit der Aufnahme von Videos beginnen und Spaß haben können. Wenn wir also in diesem Kapitel auf Dinge wie Einstellungen eingehen, denken Sie daran, dass ich sie im Laufe des Buches noch ausführlicher beschreiben werde.

Am einfachsten ist es, sich eine Taste zu merken - den Auslöser auf der Oberseite der Kamera. Damit starten Sie in jedem der drei Modi ein Video oder nehmen ein Bild auf; und mit dieser Taste können Sie auch ein Video anhalten.

Gesten

Die GoPro Hero verfügt nicht über viele Gesten, aber es gibt vier, die Sie kennen sollten.

- Nach links/rechts streichen - Schaltet zwischen den Modi (Video, Foto oder Zeitraffer) um.
- Von der Oberkante nach unten wischen - Öffnet das Dashboard zum Ein- und Ausschalten von Funktionen und zum Zugriff auf Ihre Einstellungen.
- Wischen Sie von der unteren Kante nach oben - Sehen Sie die von Ihnen aufgenommenen Videos und Fotos.
- Drücken und Halten - Wenn Sie den Aufnahmebildschirm gedrückt halten, können Sie die Belichtungssteuerung einschalten und anpassen.

Die GoPro verfügt über drei Modi: TimeWarp, Video und Foto. Oben in jedem der Modi können Sie auf der linken Seite sehen, wie viele Stunden Sie in diesem Modus mit der Karte in Ihrer Kamera aufnehmen können - je mehr Platz, desto mehr Stunden natürlich; und auf der rechten Seite sehen Sie die Akkulaufzeit Ihrer Kamera.

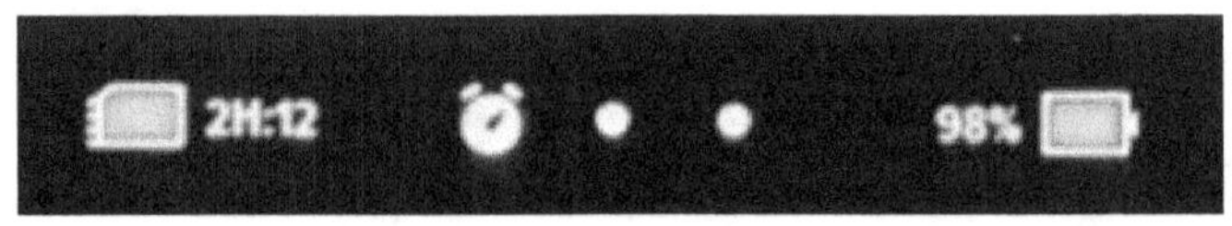

Schauen wir uns nun die einzelnen Modi an und sehen wir uns an, wie man sie verwenden kann.

Aufnahme TimeWarp Video

TimeWarp ist GoPro's Art, TimeLapse Video zu sagen - nur flüssiger. Was ich damit meine? Es ist im Grunde ein TimeLapse-Video, aber während Sie die Szene einrahmen, macht die Kamera Überstunden, um die Aufnahme zu stabilisieren, sodass das endgültige Video einen viel flüssigeren und filmischen Look hat.

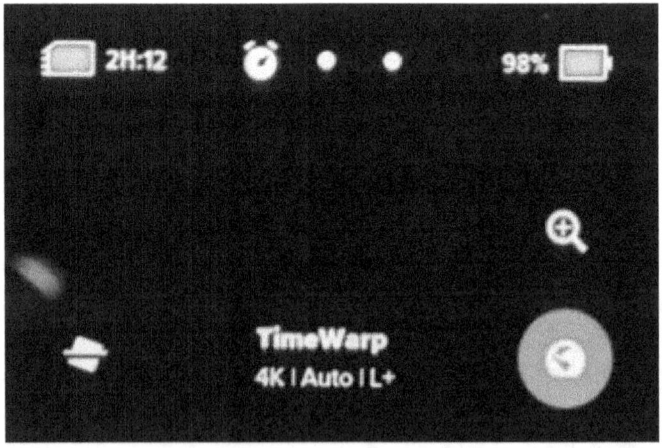

Wenn Sie in den TimeWarp-Modus wechseln, gibt es drei grundlegende Bedienelemente:

1. Objektiv - in der unteren linken Ecke befindet sich das Objektivsymbol; tippen Sie darauf, um die verschiedenen in diesem Modus verfügbaren Objektive zu sehen.

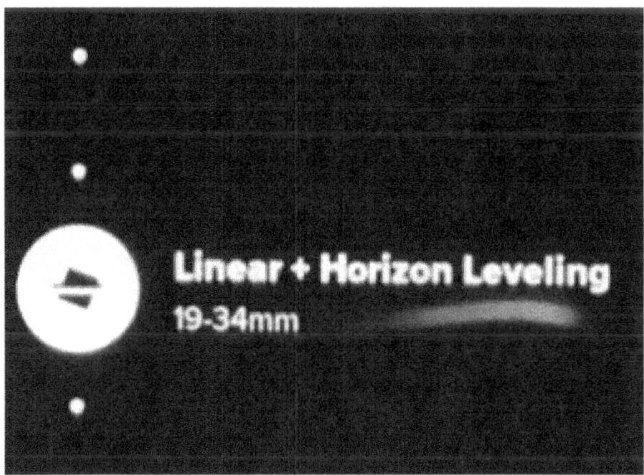

1. Zoom - Mit dem Lupensymbol in der rechten Ecke können Sie den Zoom einstellen.
2. Geschwindigkeitsrampe - Unter der Lupe auf der rechten Seite befindet sich das Symbol für die Geschwindigkeitsrampe; damit wird festgelegt, wie langsam Ihr TimeWarp-Video ist; es gibt zwei Geschwindigkeiten: 1x (echte Geschwindigkeit) oder 0,5 (halbe Geschwindigkeit); die halbe Geschwindigkeit wird nur in 1080p aufgenommen.

TimeWarp-Einstellungen

Wenn Sie sich in einem beliebigen Modus befinden, werden in der Mitte unten der aktuelle Modus und die Grundeinstellungen angezeigt. Wenn Sie tiefer in die Einstellungen eintauchen möchten, tippen Sie auf diesen Bereich - auf den ersten Blick sieht er nicht wie eine Schaltfläche aus, aber er ist eine. (Denken Sie daran, dass wir im Laufe des Buches auf viele dieser Einstellungen zurückkommen werden).

Wenn Sie zum ersten Mal das Einstellungsmenü aufrufen, wird Ihnen eine Liste von Voreinstellungen angezeigt. Es gibt zum Beispiel eine Voreinstellung für nächtliche Zeitraffervideos, die Night Lapse heißt. Wenn Sie Änderungen an der Voreinstellung vornehmen möchten, tippen Sie auf den kleinen Stift rechts daneben.

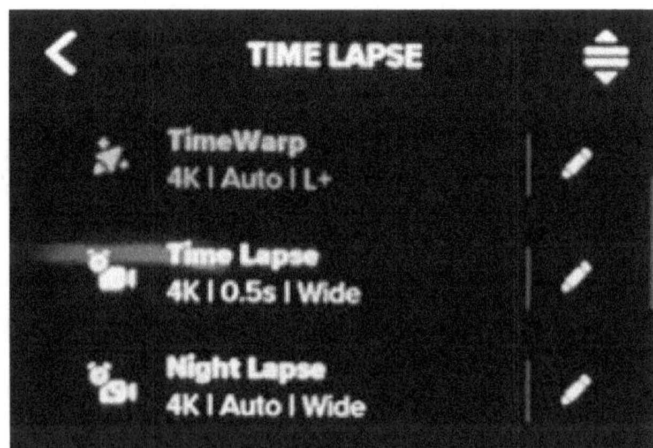

Sie gelangen nun zu einer detaillierteren Ansicht aller verfügbaren Einstellungen.

Mit der Auflösung können Sie sowohl die Detailgenauigkeit als auch das Seitenverhältnis einstellen; mit dem Objektiv können Sie wählen, ob Sie einen weiten, linearen oder schmalen Blick haben möchten; mit der geplanten Aufnahme können Sie einen Timer festlegen, wann die Kamera sich selbst einschaltet und mit der Aufnahme des Videos beginnt (ideal, wenn Sie nur Sonnenaufgänge oder etwas Zeitspezifisches aufnehmen möchten); die Dauer gibt an, wie lange die Kamera aufnimmt, bevor sie automatisch stoppt; mit dem Zoom können Sie bestimmen, wie nah Sie an das, was Sie aufnehmen, herankommen; mit der Geschwindigkeit können Sie die Videogeschwindigkeit festlegen (2x und 5x wären für kurze Aktivitäten geeignet); 10x, 15x oder 30x wären ideal für längere Aktivitäten); Sie können auch Auto wählen, damit die Kamera die beste Geschwindigkeit basierend auf Bewegung und Beleuchtung auswählt; Geschwindigkeitsrampe lässt Sie Ihr Video verlangsamen; Format lässt Sie zwischen Tag/Nacht-Videos oder Tag/Nacht-Fotos umschalten; Intervall ist, wie oft Ihre Kamera ein Bild aufnimmt; Ausgabe ist für Fotos und lässt Sie entweder JPG oder RAW wählen (RAW ist das bevorzugte Format vieler Fotografen); Verschluss ist, wie lange Ihr Verschluss offen bleibt. Sie haben wahrscheinlich bemerkt, dass ich einige Einstellungen erwähnt habe, die Sie nicht gesehen haben - das liegt daran, dass einige nur in Night Lapse verfügbar sind.

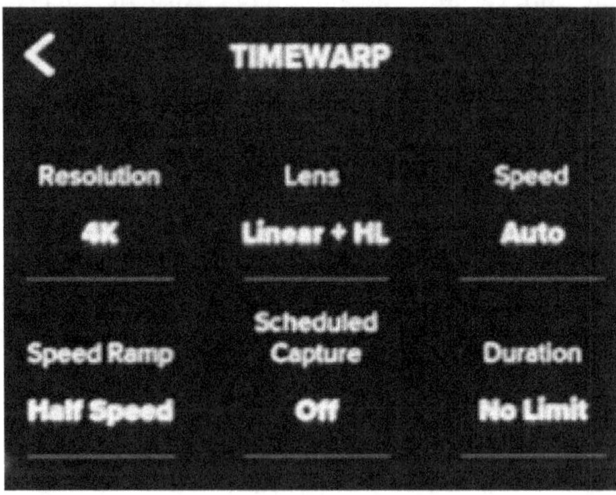

Protune ist eine Verbesserung des Farbtyps; es handelt sich dabei um eine fortschrittlichere Funktion, die ich im Kapitel "Über die Grundlagen hinaus" des Buches behandeln werde.

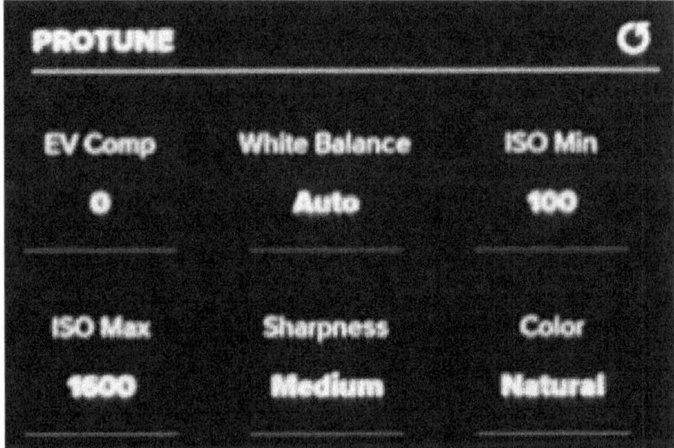

Die letzte Gruppe von Optionen sind die Tastenkombinationen. Dies sind die Elemente, die in Ihrem Hauptaufnahmebereich erscheinen. Sie können das, was sich gerade in einer Ecke befindet, ein- oder ausschalten oder die dort befindliche Funktion ändern. Wenn Sie beispielsweise HyperSmooth schnell ein- oder ausschalten möchten, können Sie dort eine Einstellung dafür hinzufügen.

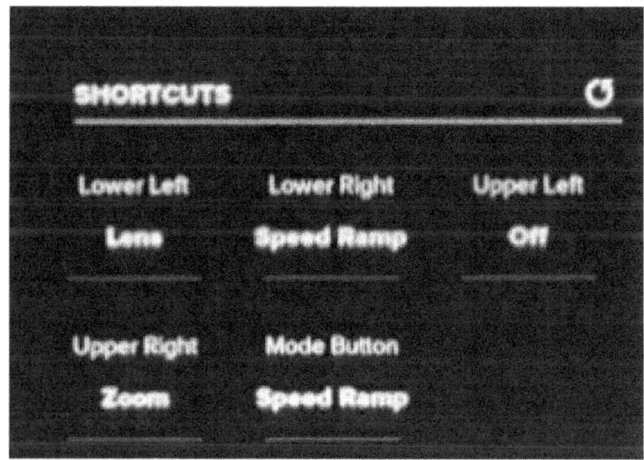

Ganz unten in den Einstellungen befindet sich eine Schaltfläche zum Wiederherstellen. Wenn Sie Änderungen vorgenommen haben, diese aber wieder auf die Standardeinstellungen zurücksetzen möchten, können Sie diese Schaltfläche verwenden.

Aufnahme Video

Zeitraffer ist ein unterhaltsamer Modus, aber je nach Art des Videos, das Sie aufnehmen, werden Sie die meiste Zeit im normalen Modus verbringen. Schauen wir uns den Hauptbildschirm und die wichtigsten Funktionen an (und denken Sie daran, dass diese Symbole anders aussehen können, wenn Sie die Verknüpfungen in Ihren Einstellungen anpassen.

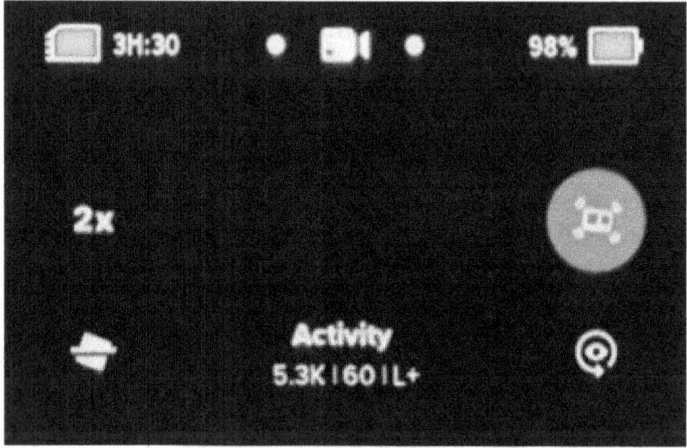

Auf der linken Seite befindet sich das Symbol 2x. Dies ist die Slo-Mo-Verknüpfung; tippen Sie darauf und Sie können die Geschwindigkeit Ihres Videos anpassen (d. h. es in Zeitlupe schalten).

Darunter befindet sich das Symbol Objektiv. Durch die Anpassung dieses Objektivs wird die Breite einer Aufnahme verändert (ich bin z. B. kein großer Fan des Fischaugeneffekts bei Aufnahmen und ändere das Objektiv auf "Linear", was einen traditionelleren Bildausschnitt ergibt).

Auf der linken Seite befinden sich zwei weitere Symbole. Das obere ist HyperSmooth, die Stabilisierungsfunktion von GoPro. Sie können darauf tippen, um die Funktion ein- und auszuschalten. Wenn es aktiviert ist, wird ein Schieberegler mit vier Optionen angezeigt (Boost, High, Standard und Off); Boost ist die höchste Stabilisierung und Standard die niedrigste. HyperSmooth entlädt die Batterie schneller, d. h. je höher die Einstellung, desto kürzer die Lebensdauer der Batterie.

Unterhalb von "HyperSmooth" befindet sich "HindSight", auf das ich später noch eingehen werde; Sie sollten nur wissen, dass es sich ein- und ausschalten lässt; je nach Einstellung können Sie hier auch einen Zoom sehen.

Video-Einstellungen

Schauen wir uns nun die Videoeinstellungen etwas genauer an. Wie bereits im vorherigen Abschnitt erwähnt, gelangen Sie durch Tippen auf den mittleren Bereich in den Einstellungsbereich.

Sie werden sofort mehrere Voreinstellungen sehen; über die Erstellung Ihrer eigenen Voreinstellung schreibe ich später im Buch; um eine Voreinstellung zu bearbeiten, tippen Sie auf das Stiftsymbol auf der rechten Seite.

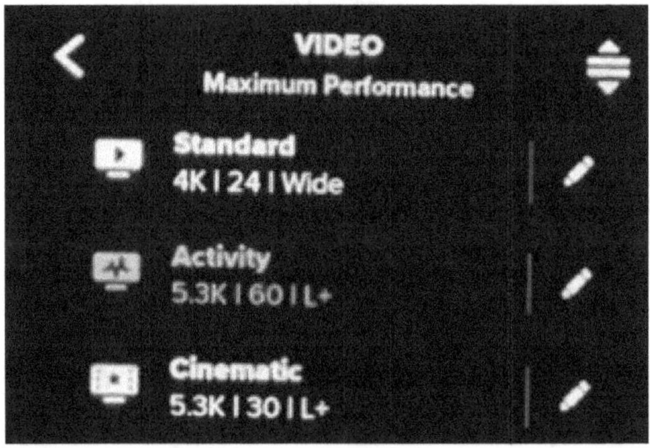

Die Einstellungen, die Sie hier ändern können, ähneln denen von TimeWarp, aber es gibt noch ein paar zusätzliche (und solche, die entfernt wurden); mit Resolution (Auflösung) können Sie die Videoqualität auswählen; mit Lens (Objektiv) können Sie das Objektiv auswählen; mit Interval (Looping) ermöglicht es Ihnen, das Video in einer Schleife aufzunehmen, d. h. Sie können z. B. 10 Minuten lang aufnehmen, und wenn die 10 Minuten erreicht sind, wird die Aufnahme wiederholt. Das ist gut für Dinge wie Dashboard-Kameras, bei denen Sie das Video nicht aufbewahren müssen, es sei denn, es wurde ein Zwischenfall aufgezeichnet; HyperSmooth ist die Stabilisierung; Geplante Aufnahme lässt Sie eine Zeit auswählen, zu der Ihr Video aufgenommen wird; Dauer lässt Sie entscheiden, wann Ihre Kamera die Aufnahme beendet; HindSight speichert 15 oder 30 Sekunden, bevor Sie den Auslöser drücken - ähnlich wie Live Photos auf einem iPhone; und schließlich können Sie mit Zoom auswählen, wie nah Sie an der Aufnahme sind.

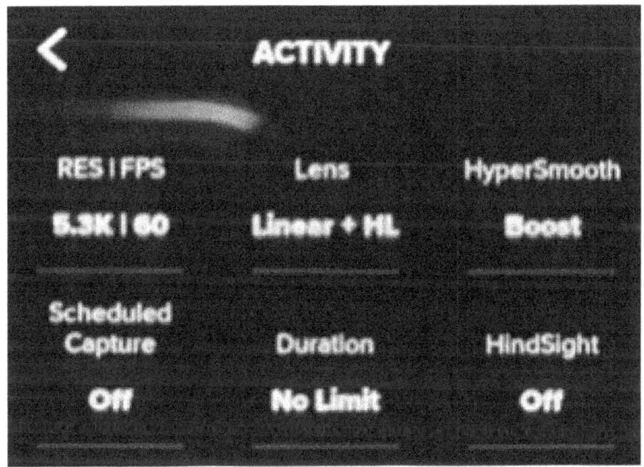

Protune ist die nächste Gruppe von Funktionen, die später in diesem Buch behandelt wird.

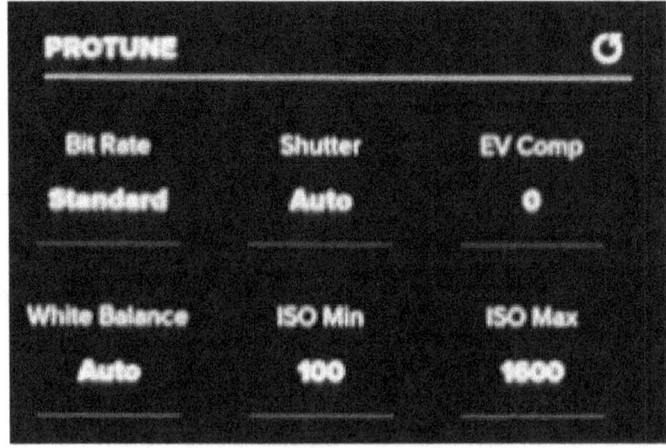

Schließlich können Sie mit Shortcuts können Sie festlegen, was auf dem Hauptdisplay der Kamera angezeigt wird (oder nicht). Wenn Sie es vorziehen, dass nichts angezeigt wird, können Sie sie technisch gesehen alle ausschalten.

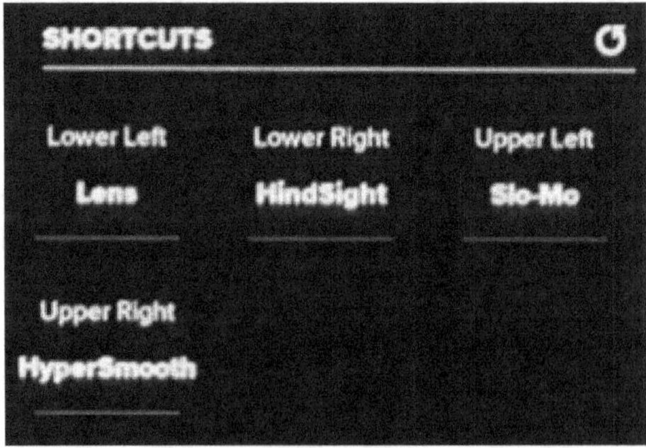

Wenn Sie Änderungen vorgenommen haben, die Ihnen nicht gefallen und Sie zu den Standardeinstellungen zurückkehren möchten, verwenden Sie die gelbe Schaltfläche "Wiederherstellen" am Ende des Einstellungsmenüs.

Aufnahme von Fotos

Du denkst vielleicht nicht, dass deine GoPro Hero eine Fotokamera ist, aber sie hat einen ziemlich guten Kameramodus eingebaut. Schauen wir uns an, wie er funktioniert.

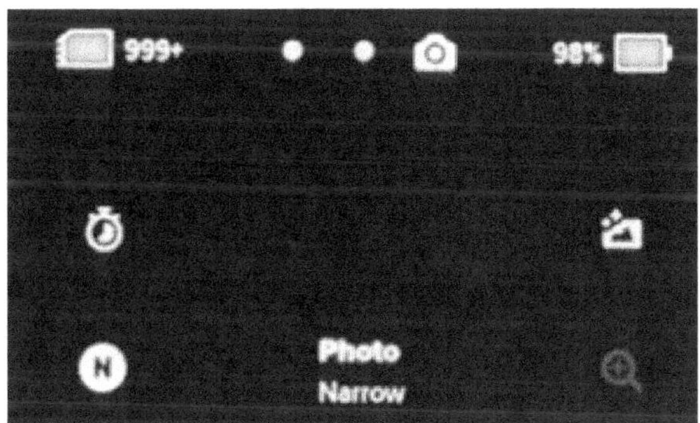

Das erste Symbol (auf der linken Seite) ist der Timer, mit dem Sie einen Zeitpunkt für die Aufnahme festlegen können - gut für Gruppenfotos. Wenn Sie den Timer eingestellt haben, drücken Sie den Auslöser und es beginnt ein Countdown, bis die Aufnahme gemacht wird.

Darunter befindet sich die Abkürzung zum Wechseln des aktuellen Objektivs der Kamera.

Auf der rechten Seite befindet sich das Symbol für die Bildqualität. SuperPhoto (das automatisch das beste Foto je nach Lichtverhältnissen aufnimmt); HDR, das mehrere Fotos aufnimmt und zu einem zusammenfasst; Standard, der grundlegende Fotomodus; und schließlich RAW, die von den meisten professionellen Fotografen bevorzugte Methode - wenn Sie nicht wissen, was RAW ist, ist es wahrscheinlich am besten, sie nicht zu verwenden.

In der unteren Ecke befindet sich schließlich der Zoom.

Fotoeinstellungen

Tippen Sie auf die Schaltfläche in der Mitte des Fotomodus, um die Einstellungen aufzurufen. Wie bei den Videomodi gibt es Voreinstellungen. Wenn Sie auf den Stift auf der rechten Seite tippen, können Sie Änderungen an diesen Voreinstellungen vornehmen.

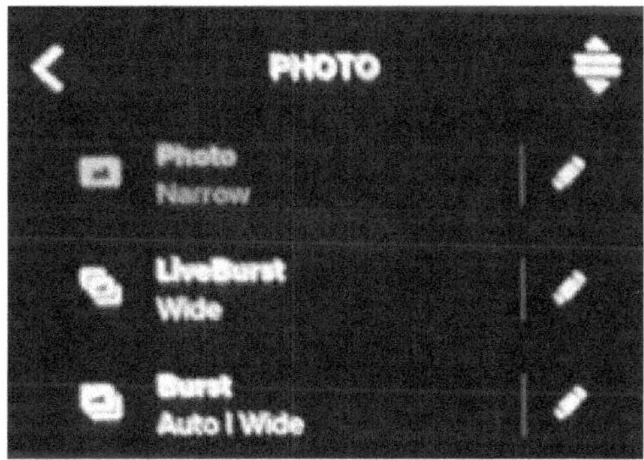

Hier gibt es nicht ganz so viele Einstellungen wie bei Video; tatsächlich sind die einzigen Einstellungen (neben Protunes) die, die wir gerade bei den Shortcuts behandelt haben.

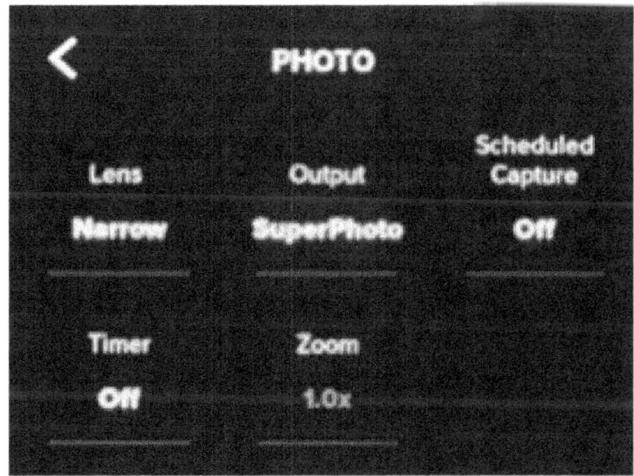

Wie bei den Videomodi können Sie mit der letzten Option die Tastenkombinationen auf dem Hauptbildschirm anpassen.

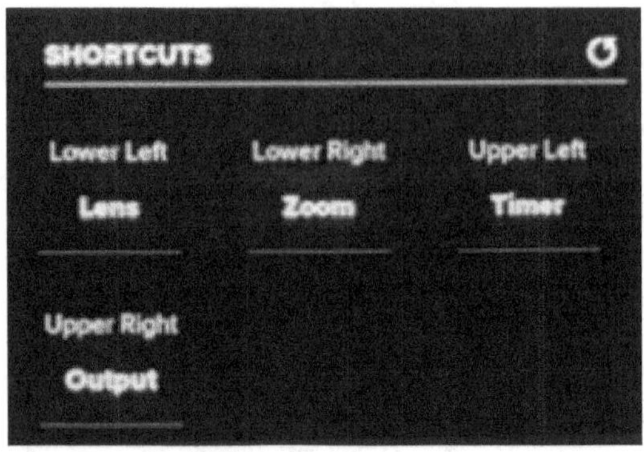

Und natürlich können Sie die Standardeinstellungen wiederherstellen, indem Sie wie bei den anderen Modi auf die gelbe Schaltfläche Wiederherstellen am unteren Rand tippen.

Medienwiedergabe

Sie haben nun einige Videos und Fotos aufgenommen. Wie können Sie diese nun ansehen? Wischen Sie vom unteren Rand des Bildschirms nach oben.

Wenn Sie vom unteren Rand nach oben wischen, wird das zuletzt aufgenommene Foto oder Video angezeigt. Sie können auf die Wiedergabetaste drücken, um es anzusehen, oder nach links und rechts wischen, um andere Fotos und Videos anzuzeigen, die Sie aufgenommen haben.

In der Vorschau gibt es drei Symbole: einen Mülleimer (zum Löschen des Bildes), die Lautstärke auf der rechten Seite, um die Lautstärke einzustellen, und schließlich in der Mitte einen kleinen Schieberegler.

Mit dem Schieberegler wird ein dünnes Kästchen eingeblendet, mit dem Sie sich schnell durch das Video bewegen können. Wenn es sich also um ein längeres Video handelt, können Sie zu der Stelle springen, die Sie sehen möchten.

In der oberen linken Ecke befinden sich neun Kästchen. Wenn Sie auf diese tippen, wird ein Medienauswahlwerkzeug angezeigt. Damit können Sie Bilder und Videos auf Ihrem Gerät auswählen, um sie zu entfernen.

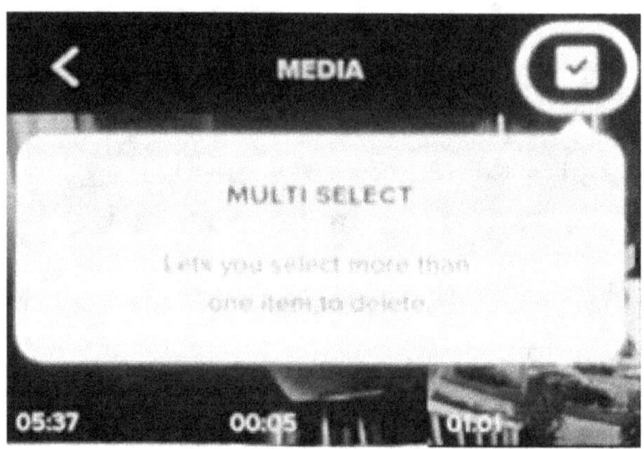

HiLight Tags

HiLight Mit Tags können Sie Ihre Lieblingsvideos und -fotos markieren. Sie können sie zu Fotos hinzufügen, während Sie sie in der Vorschau ansehen, indem Sie auf das HiLight Tag-Symbol unten rechts tippen. Um sie zu Videos hinzuzufügen, tun Sie dies während der Aufnahme; drücken Sie während der Aufnahme die Mode-Taste, um einen Stopp zu markieren, den Sie markieren möchten; Sie können sie auch in der Quik App hinzufügen. Dies teilt der GoPro App mit, dass es sich um einen denkwürdigen Moment in Ihrem Video handelt, so dass sie bei der Erstellung von Beiträgen daran denken sollte, dieses Filmmaterial zu verwenden.

[3]

Jenseits der Grundlagen

Elektrische Werkzeuge

Die GoPro Hero verfügt über vier Werkzeuge, die GoPro als Power Tools bezeichnet-das sind Dinge, die ein wenig über das reine Aufnehmen von Filmmaterial hinausgehen.

HindSight

HindSight ist so etwas wie Live-Fotos auf dem iPhone. Hier ist das Wesentliche: Angenommen, Sie wissen, dass etwas Großes bevorsteht, aber Sie kennen den genauen Zeitpunkt nicht - zum Beispiel, wenn Sie Wale beobachten. Sie wissen, dass jeden Moment einer aus dem Wasser auftauchen wird, aber Sie möchten nicht ständig Aufnahmen machen und Speicherplatz verschwenden. Wenn HindSight aktiviert ist, können Sie den Rahmen für Ihre Aufnahme festlegen und die Kamera bereithalten. Sobald der große Moment kommt, drücken Sie den Auslöser und die Kamera nimmt nicht nur von diesem Moment an auf, sondern auch die 30 Sekunden davor.

Um die Funktion zu aktivieren, gehen Sie zu den Aufnahmeeinstellungen (suchen Sie dazu die gewünschte Voreinstellung und klicken Sie dann auf den kleinen Stift rechts daneben). Sie können in diesem Menü auch eine Verknüpfung für HindSight erstellen, damit es immer auf dem Hauptbildschirm angezeigt wird. Ich empfehle Ihnen, dies zu tun, damit Sie es ausschalten können, wenn Sie es nicht mehr benötigen, und so den Akku schonen.

LiveBurst

LiveBurst ist ein Fotomodus, bei dem 1,5 Sekunden vor und 1,5 Sekunden nach dem Drücken des Auslösers eine Reihe von Fotos aufgenommen wird.

Um die Funktion zu aktivieren, rufen Sie den Fotomodus auf und drücken Sie in der Mitte des Bildschirms auf "Foto", um eine Liste Ihrer Voreinstellungen anzuzeigen; Live Burst sollte eine Voreinstellung sein, aber wenn Sie sie nicht sehen, können Sie auch auf das Stiftsymbol rechts neben einer Voreinstellung tippen und sie manuell aktivieren.

Erfassen von Zeitplänen

Die zeitgesteuerte Aufnahme wird in den Voreinstellungen aktiviert; sie ermöglicht es Ihnen, eine Zeit festzulegen, zu der Ihre Kamera eingeschaltet wird und die Aufnahme beginnt.

Dauer Erfassung

Dauer-Aufnahme wird im Einstellungsmenü Ihrer Aufnahmevoreinstellung aktiviert; sie weist die Kamera an, die Aufnahme eines Videos für eine festgelegte Zeitspanne (von 15 Sekunden bis 3 Stunden) fortzusetzen.

QuikCapture

QuikCapture (nein, das ist kein Tippfehler - es wird ohne "c" geschrieben) ermöglicht es Ihnen, eine Aufnahme zu machen, wenn Ihre Kamera ausgeschaltet ist; anstatt sie einzuschalten, drücken Sie den Auslöser, um ein Video aufzunehmen; drücken Sie ihn erneut, um die Aufnahme zu beenden.

Wenn Sie ein Zeitraffervideo mit QuikCapture aufnehmen möchtenaufnehmen möchten, halten Sie den Auslöser ca. 3 Sekunden lang gedrückt (bis sich die Kamera einschaltet); es wird der zuletzt verwendete Zeitraffermodus verwendet; beenden Sie das Zeitraffervideo, indem Sie den Auslöser erneut drücken.

Ausschalten von QuikCapture

QuikCapture ist standardmäßig aktiviert; wenn Sie es versehentlich einschalten, können Sie es deaktivieren. Wischen Sie in Ihrem Dashboard nach unten; es gibt mehrere Symbole - Sie möchten das mit dem kleinen Hasen.

Protune

Protune Hier können Sie erweiterte Einstellungen manuell anpassen und jedes Detail Ihrer Aufnahme kontrollieren. Diese Funktion ist in allen Modi verfügbar (außer Looping und LiveBurst). Wenn Sie Änderungen an Protune vornehmen, gelten diese nur für die jeweilige Voreinstellung, nicht aber für alle Voreinstellungen. Denken Sie daran, dass Sie jederzeit zu den ursprünglichen Einstellungen zurückkehren können, indem Sie unten im Einstellungsmenü auf Wiederherstellen tippen.

Schauen wir uns an, was einige der Protune Einstellungen tun:

- Bitrate - Legt fest, wie viele Daten für die Aufnahme eines Videos verwendet werden (niedrig ist die Standardeinstellung und sorgt für die kleinste Videogröße, so dass Sie viel Video auf Ihre SD-Karte bekommen; hoch wird für die optimalste Bildqualität verwendet).
- Farbe - Die Menge der Farben in einem Video oder Foto; es gibt drei Farbeinstellungen: Lebendig (die Standardeinstellung), Natürlich und Flach (erfasst mehr Details in Schatten und Glanzlichtern).
- Weißabgleich - Die Farbtemperatur von Videos und Bildern.

Je niedriger der von Ihnen gewählte Wert ist, desto wärmer sind die Töne.

- ISO - Der Bereich für die Lichtempfindlichkeit der Kamera und das Bildrauschen (d. h. den Grad der Körnigkeit einer Aufnahme). Je höher der ISO-Wert, desto heller das Bild (niedrigere Werte ergeben dunklere Bilder mit weniger Bildrauschen). Wenn Sie den ISO-Wert auf einen bestimmten Wert festlegen möchten, stellen Sie den ISO-Mindest- und Höchstwert auf denselben Wert ein.

- Shutter - Wie lange der Verschluss geöffnet bleibt. Zur Verwendung dieser Protune Einstellung zu verwenden, wird dringend empfohlen, ein Stativ oder eine stabile Unterlage zu verwenden. Dadurch wird die Unschärfe reduziert, die entstehen kann, wenn der Verschluss länger als gewöhnlich geöffnet bleibt.

- Schärfe - Es gibt drei Optionen für diese Einstellung: Hoch, Mittel (die Standardeinstellung) und Niedrig.

- Raw Audio - Mit dieser Einstellung wird eine separate WAV-Audiospur für Ihr Video erstellt (zusätzlich zur normalen mp4-Audiospur). Für diese Einstellung gibt es folgende Optionen: Aus (Standardeinstellung), Niedrig (minimale Verarbeitung, d. h. Sie müssen in der Nachbearbeitung mehr Arbeit leisten), Mittel (moderate Verarbeitung) und schließlich Hoch (alle Verarbeitungseinstellungen werden automatisch vorgenommen). Bei dieser Einstellung führen Sie die gesamte Nachbearbeitung auf Ihrem Computer durch (die Datei wird auf Ihrer SD-Karte gespeichert).

- Windgeräuschreduzierung - Die GoPro Hero verfügt über drei Mikrofone, die den Ton während der Videoaufnahme aufnehmen. Mit dieser Einstellung können Sie festlegen, wie diese Mikrofone verwendet werden. Sie können zwischen drei Einstellungen wählen: Auto (Standardeinstellung), Ein (filtert übermäßige Windgeräusche heraus - diese Einstellung sollten Sie auf jeden Fall aktivieren, wenn Sie die Kamera an einem fahrenden Fahrzeug befestigen) und schließlich Aus.

Bildschirmausrichtung einstellen

Sie können Videos und Fotos sowohl im Hoch- als auch im Querformat aufnehmen, indem Sie die Kamera einfach drehen. Wenn Sie die Ausrichtung sperren möchten, damit sie nicht automatisch eingestellt wird, drehen Sie die Kamera in die gewünschte Ausrichtung, wischen Sie dann vom Haupt-Dashboard nach unten und wählen Sie das Sperrsymbol.

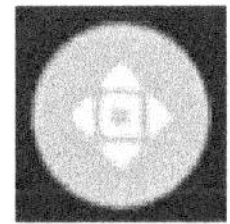

Schleife

Schleifen ist eine großartige Möglichkeit, Videos vorübergehend aufzuzeichnen. Es wird für Armaturenbrettkameras in Autos und sogar für Sicherheitsaufnahmen verwendet - alles, wo das Video nicht gespeichert werden muss, außer wenn etwas Wichtiges passiert.

Bei der GoPro können Sie eine Schleife von nur fünf Minuten einstellen (was bedeutet, dass das Material alle fünf Minuten mit neuem Material überschrieben wird) oder Sie können bis zu 120 Minuten einstellen; Sie können die Schleife sogar auf Max einstellen, was bedeutet, dass sie von vorne beginnt, wenn die Karte leer ist).

Erstellen einer Schleife

Schleifenbildung ist kein Standardmodus der GoPro. Wenn Sie also Looping ausprobieren möchten, müssen Sie zunächst eine Voreinstellung dafür erstellen. Sie können eine Schleifenvoreinstellung erstellen, indem Sie vom Display nach unten wischen und auf das Symbol mit den zwei Pfeilen in der oberen rechten Ecke drücken.

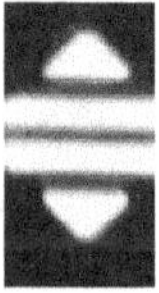

Tippen Sie anschließend auf die Schaltfläche + in der oberen rechten Ecke des Bildschirms.

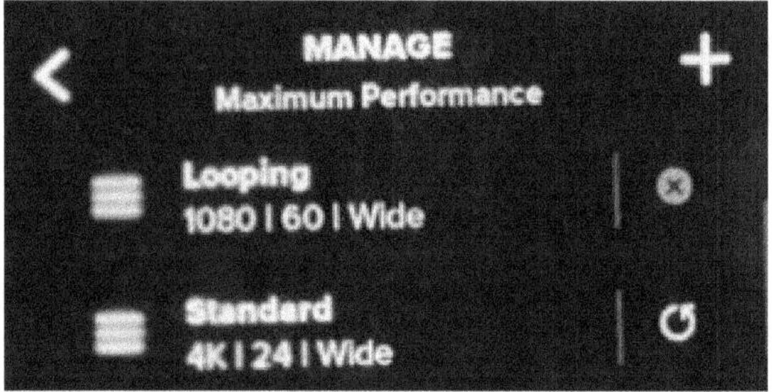

Sie werden gefragt, welche Art von Voreinstellung Sie wünschen; Sie möchten Looping.

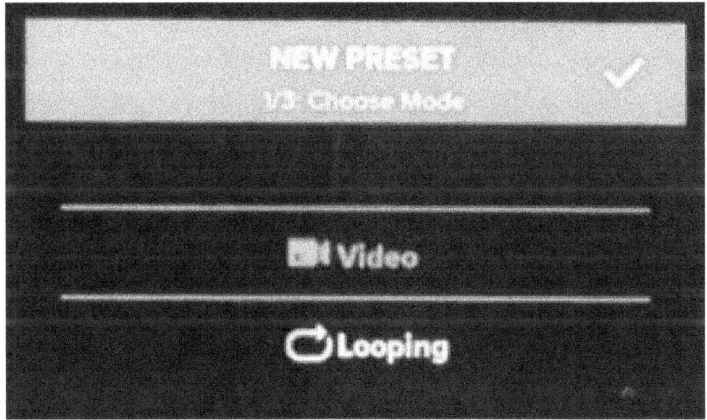

Von hier aus können Sie alle Voreinstellungen vornehmen. Wenn Sie z. B. eine Schleife nach 120 Minuten statt nach 5 Minuten wünschen, gehen Sie zur Einstellung Intervall und ändern Sie diese auf 120.

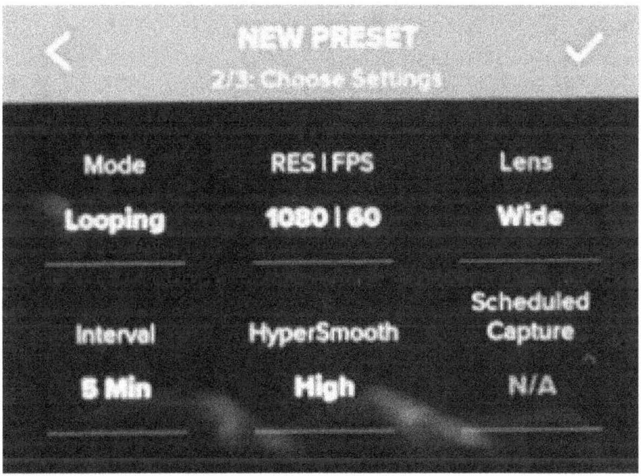

Als Nächstes geben Sie Ihrer Voreinstellung einen Namen, den Sie sich merken können. Die letzte Vorgabe heißt "Schleifen" und ist hier wahrscheinlich am besten geeignet.

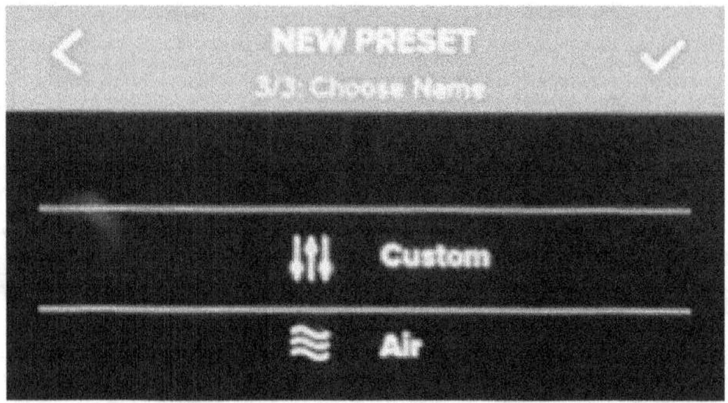

Sobald Sie auf das Kontrollkästchen in der oberen rechten Ecke tippen, wird die Voreinstellung gespeichert und in Ihrer Liste der Voreinstellungen angezeigt.

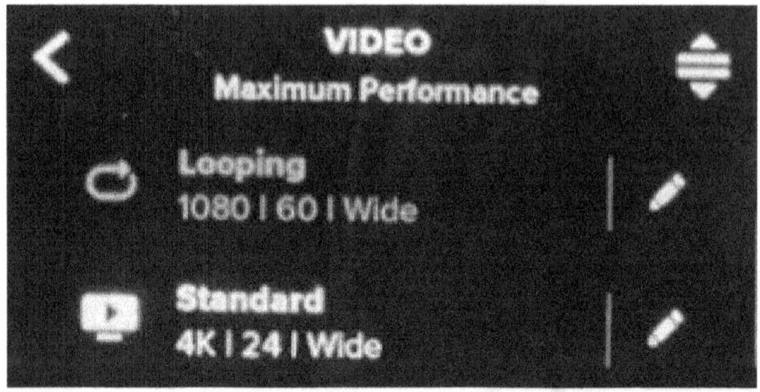

Expositionskontrolle

Belichtungssteuerung ist eine Funktion, die wirklich zeigt, wie intelligent die GoPro ist. Wenn Sie Ihre Aufnahme einrahmen, scannt die Kamera die Szene und passt die Belichtung entsprechend an. Das ist großartig! Bis es das nicht mehr ist. Manchmal sind die Lichtverhältnisse so, dass es schwierig ist, die richtige Belichtung zu finden, weil sich das Motiv in der Nähe befindet - oder man möchte es einfach manuell machen.

Verwendung der Belichtungssteuerung Um den Bereich, auf den die Belichtung eingestellt werden soll, manuell auszuwählen, tippen Sie einfach auf das hintere Display und halten Sie es an der gewünschten Stelle gedrückt. Dadurch wird die Aufnahme in diesem Bereich fixiert - Sie sehen es an den Klammern. Sie können sie ändern, indem Sie auf die Klammer tippen und sie ziehen. Auf der rechten Seite befindet sich ein +/- Symbol; tippen Sie darauf und Sie können die Helligkeit manuell einstellen. Wenn alles gut aussieht, tippen Sie in die Klammern, und die Belichtung ist gespeichert. Sie können die Sperre jederzeit aufheben, indem Sie auf das X in der unteren linken Ecke tippen.

Steuerung mit Sprache

Wenn man bedenkt, dass man eine Aufnahme macht, während man die Hände nicht frei hat, kann die Sprachsteuerung hilfreich sein. So können Sie beispielsweise ein Video mit Ihrer Stimme starten. Um diese Funktion zu aktivieren, wischen Sie vom Haupt-Dashboard nach unten und tippen Sie auf das Sprachsymbol.

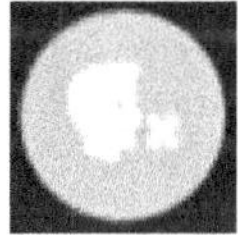

Sie können eine Liste der Sprachbefehle anzeigen, indem Sie auf dem Hauptbildschirm nach unten wischen und dann nach links streichen Einstellungen > Sprachsteuerung Steuerelemente > Befehle.

Zurücksetzen Ihre Kamera

Sie können Ihre Kamera auf fünf Arten zurücksetzen: Neustart, Voreinstellungen wiederherstellen, Verbindungen zurücksetzen, Tipps zurücksetzen und auf Werkseinstellungen zurücksetzen. Schauen wir uns an, wie man sie durchführt.

- Neustart - Drücken Sie die Modustaste 10 Sekunden lang (lassen Sie sie los, sobald Ihre Kamera neu startet).
- Voreinstellungen wiederherstellen - Dies löscht alle Einstellungen, die Sie zu Ihren Voreinstellungen hinzugefügt

haben (einschließlich benutzerdefinierter Voreinstellungen). Um diese Aktion auszuführen, wischen Sie vom oberen Rand des Dashboards nach unten; wischen Sie nach links zu Voreinstellungen > Zurücksetzen > Voreinstellungen zurücksetzen.

- Verbindungen zurücksetzen - Dies löscht alle Verbindungen, die Sie hergestellt haben (Wi-Fi und Bluetooth), so dass Sie sich mit jedem Gerät, mit dem Sie sich zuvor verbunden haben, neu verbinden müssen. Um diese Aktion auszuführen, wischen Sie vom Haupt-Dashboard der Kamera nach unten und dann nach links zu "Verbindungen" > "Verbindungen zurücksetzen".

- Tipps zurücksetzen - Wahrscheinlich haben Sie die Kameratipps bei der Ersteinrichtung Ihrer Kamera gesehen; vielleicht haben Sie sie übersprungen, oder Sie möchten sie einfach noch einmal sehen. Sie können sie wieder anzeigen, indem Sie vom oberen Rand des Dashboards nach unten wischen, dann nach links wischen und auf Einstellungen > Zurücksetzen > Kameratipps zurücksetzen tippen.

- Zurücksetzen auf die Werkseinstellungen - Dies ist sozusagen die nukleare Option - sie löscht alles (Verbindungen, Voreinstellungen, meldet Ihr Gerät ab); Sie sollten sie verwenden, wenn Sie Ihre Kamera verkaufen, aber mit Vorsicht. Um einen Werksreset durchzuführen, wischen Sie im Hauptmenü nach unten und dann nach links zu Voreinstellungen > Zurücksetzen > Werksreset. Hinweis: Obwohl dabei keine Inhalte von Ihrer SD-Karte gelöscht werden, empfehle ich, sie sicherheitshalber zu entfernen.

Kamera-Shortcuts

Wenn Sie von Ihrem Hauptdisplay nach unten wischen, sehen Sie acht Symbole; blau bedeutet, dass sie eingeschaltet sind, und grau, dass sie ausgeschaltet sind.

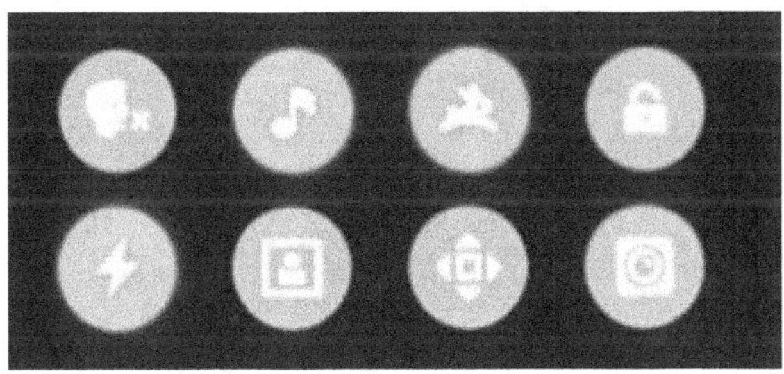

Im Laufe dieses Buches werde ich sie genauer erläutern, aber hier ist eine kurze Auffrischung der einzelnen Funktionen. Von oben links nach rechts: Sprachsteuerung ein/aus; Signaltöne ein/aus; QuikCapture ein/aus; Bildschirmsperre ein/aus; Videoleistungsmodi; Optionen für den vorderen Bildschirm (X bedeutet, dass er ausgeschaltet ist); Orientierungssperre; Höchstleistungsmodus

Hauptkameraeinstellungen

Wischen Sie von Ihrem Hauptdisplay nach unten und dann nach links, um die Kameraeinstellungen Ihrer App zu finden (d. h. Einstellungen).

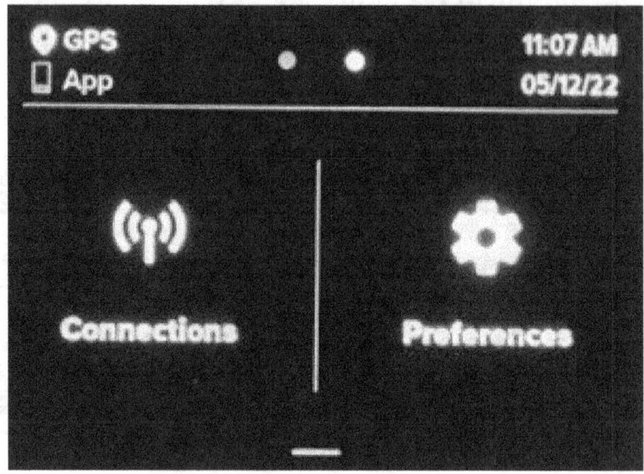

Werfen wir einen Blick auf die Einstellungen:

- Automatisches Hochladen - Wenn Sie ein GoPro-Abonnement haben, können Sie mit dieser Einstellung Dateien in die Cloud hochladen.

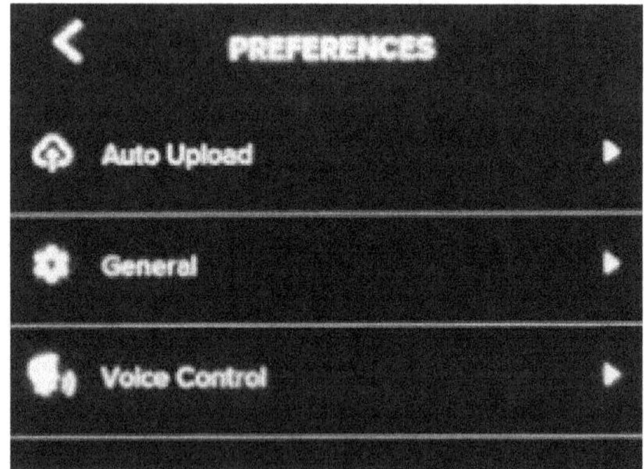

- Allgemein - Hier können Sie eine Vielzahl von Einstellungen vornehmen (u. a. Signaltonlautstärke, QuikCapture, Standardvoreinstellungen, automatische Abschaltung, LEDs,

Flimmerschutz, Videokomprimierung, Uhrzeit, Datum und Datumsformat).

- Sprachsteuerung Steuerung - Ermöglicht das Ein- und Ausschalten der Sprachsteuerung, das Anzeigen von Befehlen und das Einstellen der Sprachsprache.

- Anzeigen - Hier können Sie einstellen, wann der Bildschirmschoner aktiviert wird, die Ausrichtung, die Helligkeit und vieles mehr.

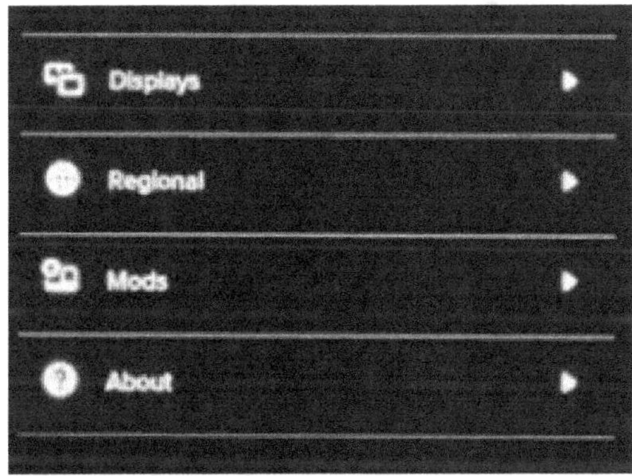

- Regional - Hier können Sie das GPS ein- und ausschalten und die Sprache der Kamera einstellen.

- Mods - Ermöglicht das Anzeigen/Ausblenden und Ändern von GoPro-Mods, die Sie an der Kamera angebracht haben.

- Info - Zeigt Informationen über Ihre Kamera und den Akkustand an.

- Regulatorisch - Regulatorische Informationen, die Sie wahrscheinlich nie verwenden werden.

- Zurücksetzen - Hier können Sie Ihre SD-Karte formatieren, Voreinstellungen zurücksetzenoder einen Werksreset durchführen.

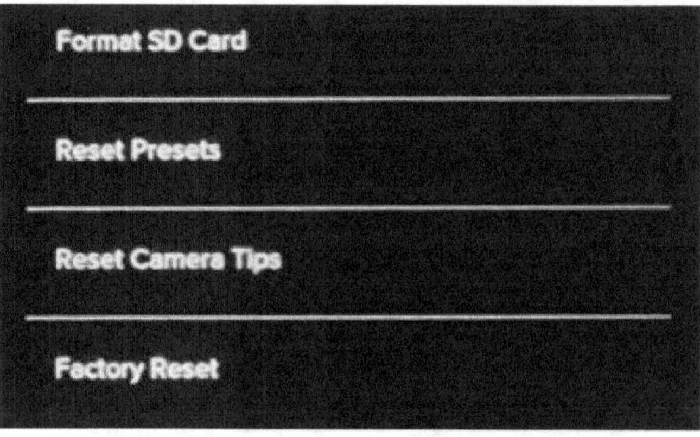

Drahtlose Verbindungen

Wischen Sie von der Hauptanzeige aus nach unten und dann nach links, um zu den WLAN-Einstellungen Ihrer App zu gelangen.

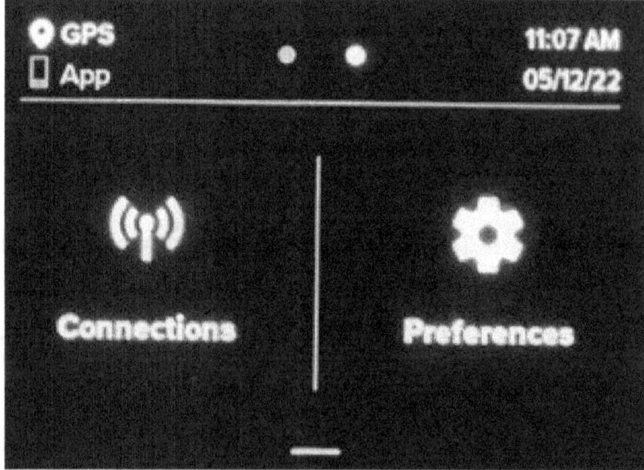

Hier können Sie die Bluetooth- und Drahtloseinstellungen steuern; die erste Option, DrahtlosverbindungenDie erste Option, Drahtlose

Verbindungen, ist eine Ein/Aus-Option; verwenden Sie Aus, wenn Sie die Akkulaufzeit schonen wollen.

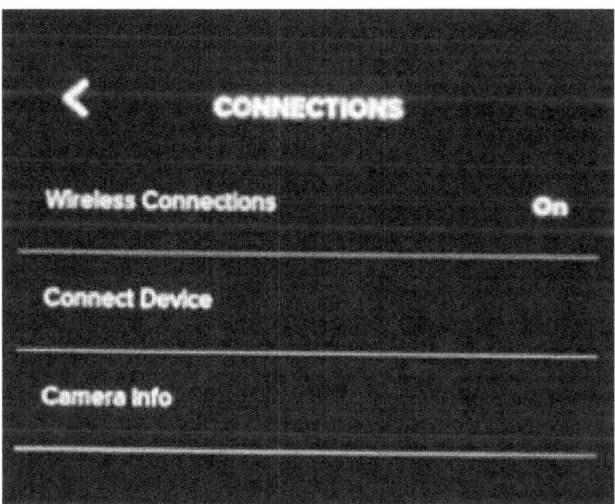

Unter Wireless-Verbindungen ist Gerät verbinden. Hier gehen Sie hin, wenn Sie ein Bluetooth-Gerät verbinden (oder die Verbindung trennen) möchten. Es gibt nicht viele Geräte, die mit der GoPro verbunden werden können; das häufigste ist die Fernbedienung.

[4]

Kamera in freier Wildbahn

Batterie Informationen

Sie werden wahrscheinlich schnell feststellen, dass die Akkulaufzeit der GoPro nicht ideal ist - das ist der Preis dafür, dass so viel Leistung in einem so kleinen Gerät steckt. Wenn Sie wissen, dass Sie lange aufnehmen müssen und so viel wie möglich aus dem Gerät herausholen wollen, gibt es einige Möglichkeiten:

- Nehmen Sie Videos mit einer niedrigeren Auflösung und Bildrate auf.
- Schalten Sie die Frontscheibe aus.
- Schalten Sie alle drahtlosen Verbindungen (und GPS) aus.

Verwenden Sie den Bildschirmschoner und verringern Sie die Helligkeit des Bildschirms.

Das spart zwar keinen Akku, aber vergessen Sie nicht, dass Sie auch mit eingestecktem Strom aufnehmen können. Wenn Sie etwas in der Nähe einer Steckdose machen (z. B. einen Livestream oder eine Webcam), dann verwenden Sie einen USB-C-Anschluss, um Ihr Gerät mit Strom zu versorgen, während es aufnimmt. Sie können sogar eine Klappe für Ihre GoPro Hero kaufen, mit der Sie die GoPro aufladen können, während die Batterieklappe geschlossen ist.

Entfernen der Tür

Wie das Objektiv der Kamera ist auch die Seitenklappe abnehmbar - Sie können auf der GoPro Website Ersatzklappen erwerben. Wenn Sie die Klappe zum Reinigen oder Ersetzen abnehmen müssen, entriegeln Sie sie und heben Sie sie wie gewohnt an; ziehen Sie sie in der horizontalen Position nach außen, bis sie einrastet. Um die Tür wieder anzubringen (oder zu ersetzen), richten Sie sie an der silbernen Leiste aus und drücken Sie sie dann fest nach unten, bis sie einrastet.

Nach Wasser Verwendung (oder Verwendung in der Nähe von Staub)

Lassen Sie uns über Wasser sprechen. Die GoPro Hero ist ein robustes Gerät. Sie ist ohne zusätzliches Gehäuse bis zu 33 Fuß wasserdicht. Das heißt, dass du sie nach dem Gebrauch im Wasser reinigen solltest. Wenn du sie in Salzwasser benutzt hast, musst du sie mit Süßwasser abwaschen und mit einem Tuch abtrocknen. Öffnen Sie das Batteriefach nicht, bevor Sie es von allen Verschmutzungen befreit haben. Pusten Sie die Unterseite des Geräts, wo sich das Mikrofon und die Lautsprecher befinden, um es zu trocknen, und tupfen Sie es mit Ihrer Handfläche ab. Wenn sich Verunreinigungen in der Nähe des Objektivs befinden, versuchen Sie niemals, es mit einem Fremdkörper zu reinigen, sondern verwenden Sie nur ein weiches, fusselfreies Tuch.

Befestigung Deine GoPro

Im Lieferumfang der GoPro sind drei verschiedene Arten von Befestigungselementen enthalten (es sei denn, Sie haben ein Zubehörpaket gekauft):

- Montage Schnalle
- Rändelschraube
- Gebogene Klebemontage

Leider bedeutet das, dass Ihre Befestigungsmöglichkeiten auf das Aufkleben auf einen Helm beschränkt sind. Die gute Nachricht ist, dass zusätzliche Halterungen ziemlich günstig sind - die meisten kosten weniger als 30 $. Die Auswahl ist groß: Sie können die Kamera an einem Fenster, Fahrrad, Selfie-Stick, Stativ und sogar an Menschen und Tieren befestigen!

Um eine Halterung zu verwenden, ziehen Sie die Finger an der Unterseite der Kamera nach unten, schieben Sie dann die Halterungsschnalle oder den Halterungssatz unter die Finger und befestigen Sie sie mit der Daumenschraube; wenn Sie die Klebehalterung verwenden, heben Sie den Gummistopfen an und schieben Sie die Schnallenhalterung hinein, bis sie einrastet.

Nachrichten

Sie werden wahrscheinlich nicht oft Meldungen auf Ihrer GoPro Hero sehen, aber es gibt sie. Einige von ihnen sollten Sie kennen:

- Kamera ist zu heiß - Wenn Sie zu lange mit der höchsten Auflösung aufnehmen, werden Sie wahrscheinlich diese Warnung erhalten; wenn Sie diese Warnung sehen, ist es eine gute Idee, die Aufnahme zu beenden, bevor Ihre Kamera überhitzt und sich abschaltet. Wenn Sie ein langes Video aufnehmen, könnte eine niedrigere Auflösung sinnvoll sein, um dies zu vermeiden.

- SD-Karte Fehler - Mit der Karte, die Sie in Ihre Kamera eingelegt haben, stimmt etwas nicht. Ein Neustart der Kamera kann helfen, aber möglicherweise müssen Sie die Karte ersetzen oder neu formatieren.

- SD-Karte Einstufung - SD-Karten müssen die Einstufung V30, UHS-3 und höher haben; diese Meldung weist Sie darauf hin, dass die Einstufung niedriger ist und daher die Qualität beeinträchtigt sein könnte.

- Datei wird repariert - Während der Aufnahme des Videos ist etwas passiert (z. B. ein Stromausfall der Kamera). Diese Meldung zeigt an, dass die GoPro ihr Bestes tut, um die Datei zu reparieren, damit sie gespeichert werden kann.

Übertragen von Medien

Es gibt mehrere Möglichkeiten, Medien von Ihrer Kamera auf Ihren Computer oder Ihr mobiles Gerät zu übertragen; die nahtloseste ist die Verwendung der Quik App auf Ihrem mobilen Gerät oder Tablet. Die nahtloseste ist nicht unbedingt die schnellste - nehmen wir an, Sie haben gerade eine 40-minütige Szene in 5k aufgenommen... das ist eine große Datei! Das Übertragen von Übertragung über Wi-Fi wird eine Menge Zeit in Anspruch nehmen. Sie können die Dateien auch manuell übertragen, indem Sie die Kamera über USB-c an Ihren Computer anschließen oder die SD-Karte herausnehmen und in ein SD-Lesegerät an Ihrem Computer stecken.

GoPro im Auto verwenden

Viele Leute verwenden die GoPro Hero als Dashboard-Kamera. Von der Qualität her ist sie besser als die speziellen Dashboard-Kameras, die Sie online für weniger als 100 $ finden, aber das bedeutet nicht, dass sie die beste für Sie ist.

Ein paar Dinge sind zu bedenken: Die GoPro erhitzt sich, und wenn sie in der prallen Sonne auf dem Armaturenbrett steht, ist das nicht gerade hilfreich. Die GoPro ist außerdem teurer als die meisten anderen Kameras. Wenn Sie also eine solche Kamera haben möchten, sollten Sie sie verstecken, wenn Sie nicht im Auto sind - sie ist ein Ziel für Diebe.

Ich würde empfehlen, eine Saugnapfhalterung und die USB-Durchgangsklappe anzuschaffen - so können Sie die GoPro den ganzen Tag über aufladen und müssen sich keine Sorgen machen, dass der Akku auf halbem Weg zur Arbeit leer wird.

Sie können zwar jeden Moment Ihrer Fahrt aufzeichnen, aber eine bessere Option wäre es, eine Schleife einzurichten, so dass Aufnahmen, die keine Vorfälle enthalten, gelöscht werden - schließlich ist der Sinn einer Dashboard-Kamera, Unfälle oder andere Vorfälle aufzuzeichnen, und nicht, Ihre Fahrt aufzuzeichnen.

Benutzerdefinierte Voreinstellungen

Wenn Sie sich mit Ihrer Kamera vertraut gemacht haben, werden Sie feststellen, dass die Voreinstellungen eine sehr wertvolle Funktion sind. Voreinstellungen ermöglichen es Ihnen, Einstellungen für verschiedene Situationen zu konfigurieren (Sie könnten sogar Voreinstellungen für verschiedene Personen haben, die die Kamera benutzen). Sie haben bereits gesehen, wie Sie eine Voreinstellung bearbeiten können, aber wie wäre es, eine Voreinstellung von Grund auf zu erstellen?

Um eine Voreinstellung zu erstellen, gehen Sie zu Ihrer Voreinstellungsliste und tippen Sie auf das Symbol mit den zwei Pfeilen in der oberen rechten Ecke.

Tippen Sie anschließend auf die Schaltfläche + in der oberen rechten Ecke des Bildschirms.

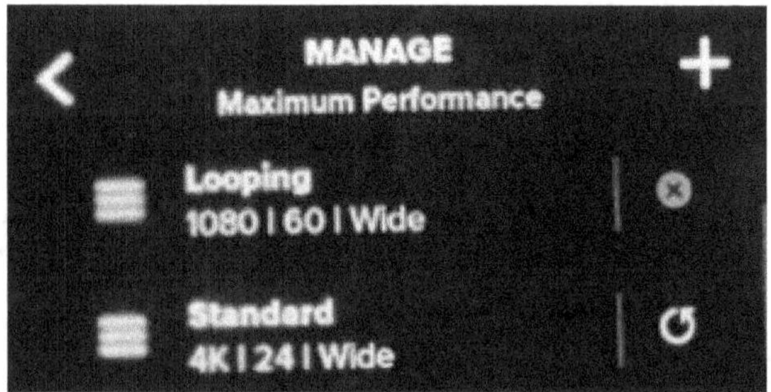

Sie werden gefragt, welche Art von Voreinstellung Sie wünschen; Sie können zwischen Video (oder Foto, wenn Sie sich im Fotomodus befinden) oder Looping (wird später behandelt).

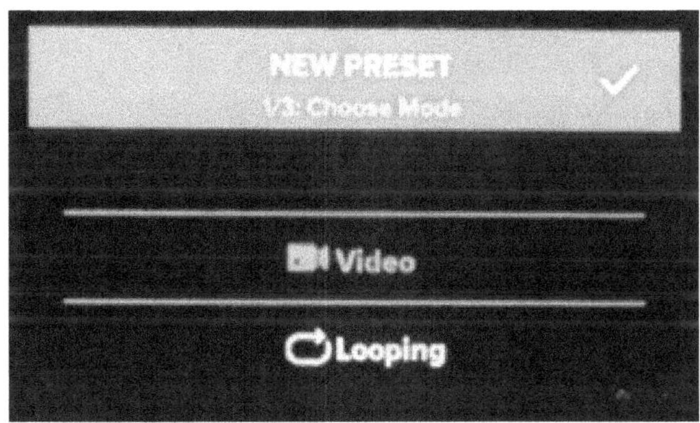

Von hier aus können Sie alle Ihre Voreinstellungen hinzufügen.

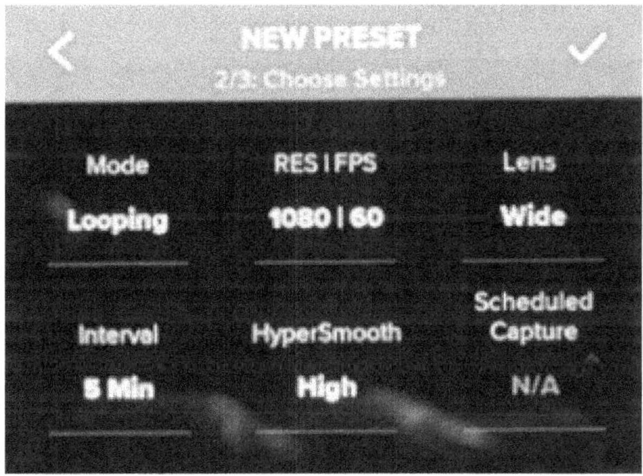

Als Nächstes geben Sie Ihrer Voreinstellung einen Namen, den Sie sich merken können. Es gibt eine Liste mit Voreinstellungen, aus der Sie auswählen können, oder Sie können eine eigene Voreinstellung erstellen.

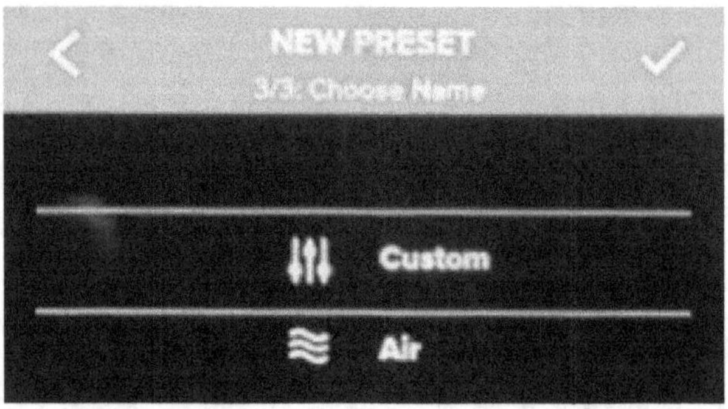

Sobald Sie auf das Kontrollkästchen in der oberen rechten Ecke tippen, wird die Voreinstellung gespeichert und in Ihrer Liste der Voreinstellungen angezeigt.

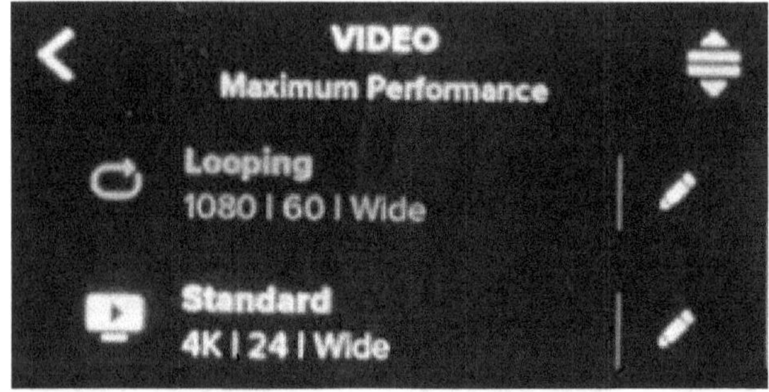

[5]

Software

GoPro Quik: Video-Editor

Quik ist der einfachste Weg, Ihre Fotos und Videos zu bearbeiten, aber um die Funktionen voll auszuschöpfen, benötigen Sie ein GoPro-Abonnement.

Wenn Sie die App öffnen, sehen Sie, dass es im unteren Menü nur ein paar Optionen gibt: Wandbild, Medien, Studio und GoPro.

Mural ist nur ein Ort, an dem Sie Ihre Lieblingsvideos und -bilder zeigen können; Media zeigt alle Ihre Medien (sowohl auf dem Gerät als auch in der Cloud), Studio ist der Ort, an dem Sie Videos erstellen, und GoPro ist der Ort, an dem Sie Ihre Kamera über die App steuern (und Fotos synchronisieren und Updates durchführen).

Videos erstellen

Um ein Video in der Quik App ein Video zu erstellen, tippen Sie auf das Studio-Symbol und dann auf Bearbeiten.

Obwohl Sie diese App wahrscheinlich hauptsächlich für Ihre GoPro-Videos verwenden werden, können Sie sie auch für Videos nutzen, die Sie mit Ihrem Handy aufnehmen.

Sobald Sie das gewünschte Video gefunden haben, wählen Sie Meine Bearbeitung erstellen.

Zu Beginn besteht Ihr Video aus drei Abschnitten: einem Titel, dem Hauptvideo und dem Abspann.

Sie können jeden dieser Abschnitte bearbeiten, indem Sie auf ihn tippen und dann das Stiftsymbol auswählen. Jeder Abschnitt hat unterschiedliche Optionen. Im Abschnitt "Titel" können Sie zum Beispiel nur den Text und die Dauer des Titels auf dem Bildschirm ändern.

Bei den Videoinhalten können Sie verschiedene zusätzliche Änderungen vornehmen, z. B. an der Farbe, der Geschwindigkeit und dem Ton.

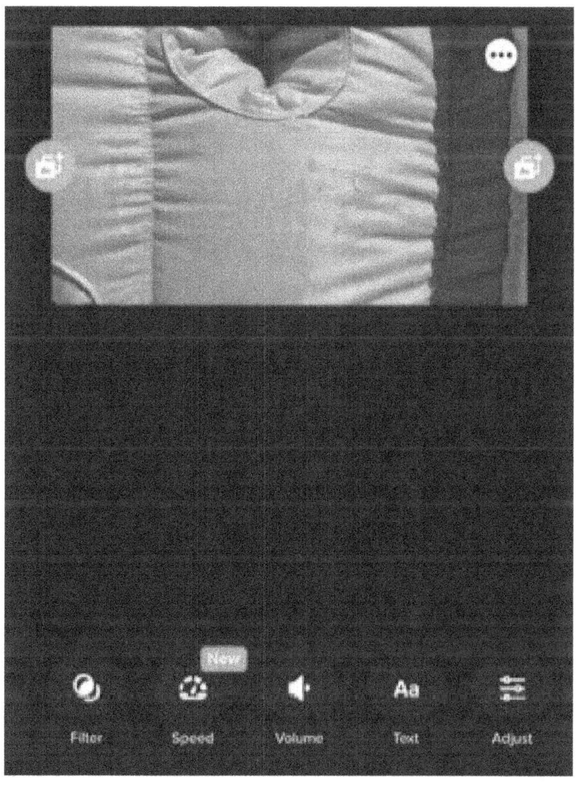

Wenn Sie auf die vier Punkte unter einem Abschnitt tippen und sie gedrückt halten, können Sie ihn verschieben und an einer anderen Stelle platzieren.

Sie können auch auf das blaue + tippen, um weitere Abschnitte hinzuzufügen.

Das untere Menü hat fünf verschiedene Bereiche: Zeitleiste, Themen, Musik, Länge und Format. Mit Themen können Sie das allgemeine Aussehen des Videos ändern, z. B. wenn Sie einen altmodischen Look wünschen.

Mit Musik können Sie Hintergrundmusik auswählen, die während des Videos abgespielt wird (oder gar keine Musik).

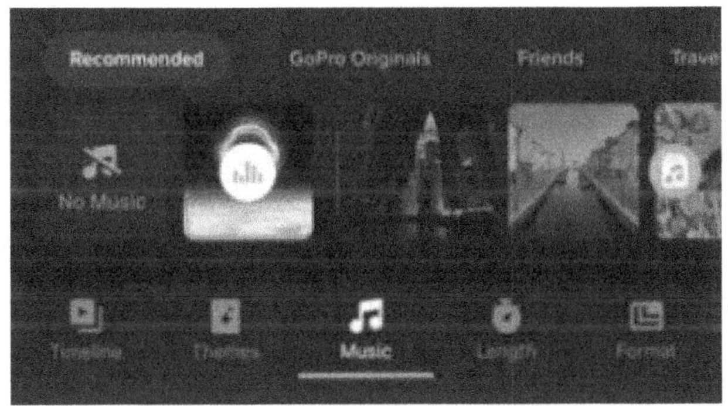

Die Länge gibt an, wie lange das Video abgespielt wird - ziehen Sie den Schieberegler, um es länger oder kürzer zu machen.

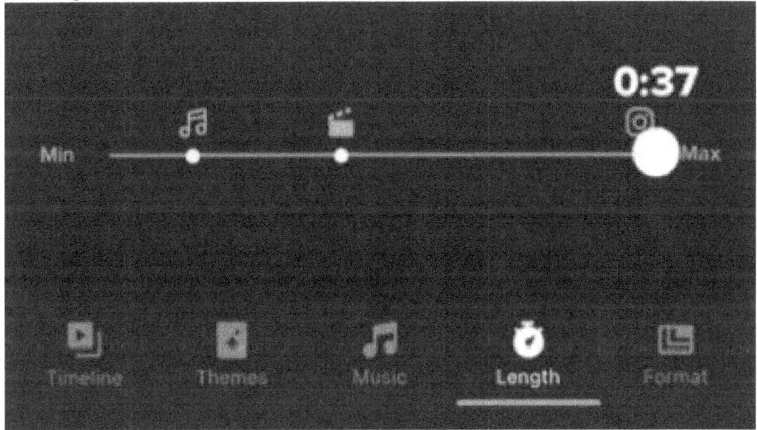

Und schließlich ist Format die Größe, die Sie für das Video wünschen - wenn Sie es auf Facebook verwenden möchten, brauchen Sie eine andere Dimension als bei der Verwendung auf TikTok, zum Beispiel.

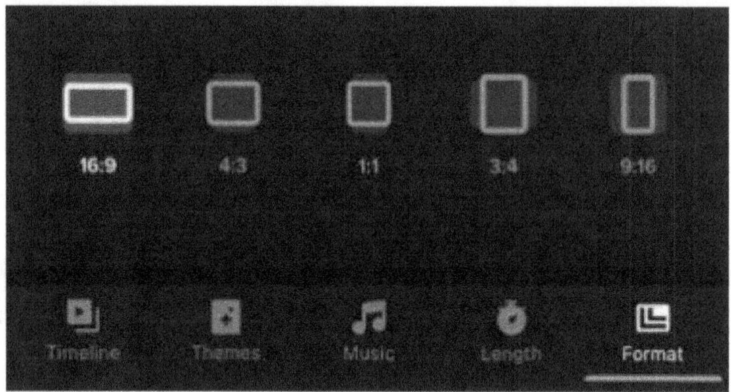

Die App erstellt Videos auf der Grundlage dessen, was sie für die einprägsamsten Teile des Videos hält. Manchmal ist die KI, die dies bestimmt, nicht ganz richtig. Sie können der App manuell mitteilen, welche Teile Ihnen am besten gefallen. Öffnen Sie dazu das Video in der App und tippen Sie bei der Wiedergabe auf die Markierung "Favorit", um den Abschnitt zu markieren.

Wenn Sie nun ein Video erstellen, wird es nach diesen Markierungen suchen und sie in das Video aufnehmen.

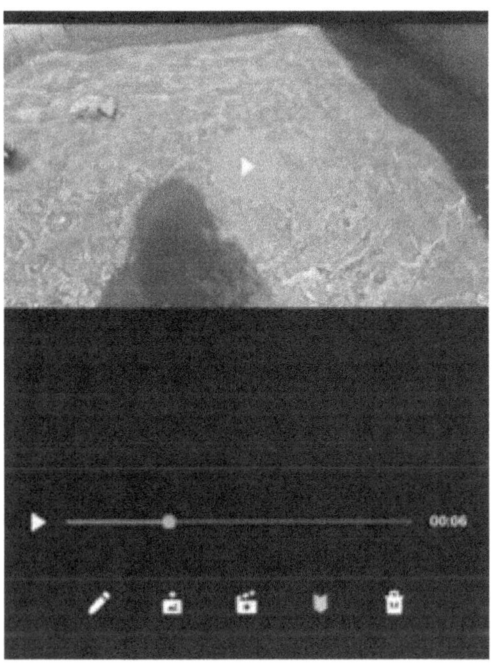

Spieler + ReelSteady

Player+ ist eine native Windows- und Mac-Anwendung (d. h. sie wird auf Ihrem Computer und nicht auf Ihrem mobilen Gerät installiert).

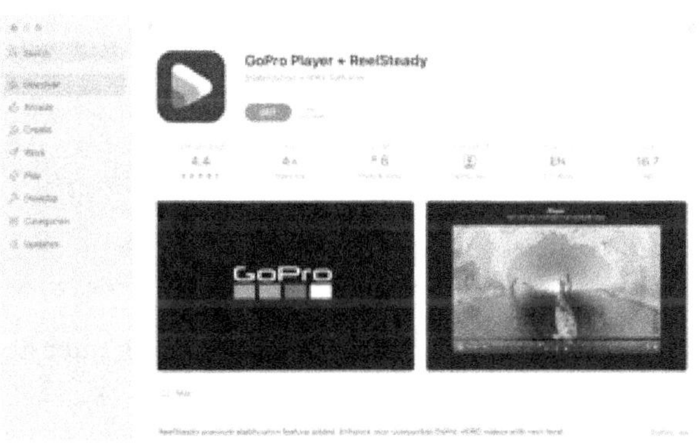

Die Software hilft Ihnen dabei, Ihre Videos zu stabilisieren, damit sie glatter aussehen und sich besser anfühlen. Um loszulegen, öffnen Sie Ihre Medien.

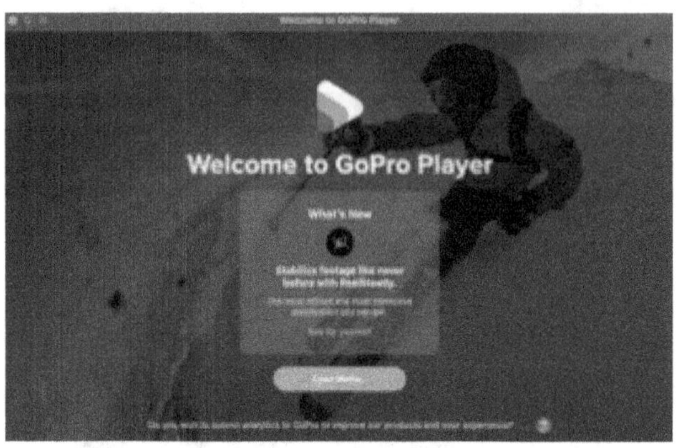

Innerhalb der Software können Sie nicht viel tun. Es gibt Optionen zur Stabilisierung (wenn das hochgeladene Video dies unterstützt - nicht alle tun dies) und zur Durchführung sehr einfacher Bearbeitungen wie dem Zuschneiden des Videos.

GoPro-Webcam

Die GoPro Hero ist natürlich eine großartige Action-Kamera, aber Sie können sie auch als Webcam oder Live-Stream verwenden. Ich verwende sie zum Beispiel mit Zoom. Ja, mein Computer hat eine Webcam, aber die Auflösung beträgt nur 720p und die Qualität ist in meinem schlecht beleuchteten Zimmer mehr als dürftig. Ein weiterer Vorteil der Webcam ist, dass ich sie frei platzieren kann - ich bin nicht darauf beschränkt, eine Kamera direkt über meinem Computerbildschirm zu haben, sondern kann sie neben mir oder irgendwo anders aufstellen.

Das Einrichten Ihrer Kamera für Live Steaming oder als Webcam ist ziemlich einfach.

Einrichten eines Live-Streams

Um einen Live-Stream einzurichten, müssen Sie die Quik App (kostenloser Download aus dem iPhone oder Android App Store). Sobald Sie die App eingerichtet und mit Ihrer Kamera verbunden haben, gehen Sie zum unteren Menü und wählen das GoPro-Symbol aus (Hinweis: Stellen Sie sicher, dass Ihre Kamera eingeschaltet ist).

Tippen Sie als Nächstes auf Steuern Sie Ihre GoPro - wenn Sie mehrere Kameras haben, stellen Sie sicher, dass Sie mit der richtigen verbunden sind.

Wenn Ihre Kamera angeschlossen ist, dauert es einige Augenblicke, bis die App sie erkennt und eine Verbindung herstellt.

Sobald die Verbindung hergestellt ist, sehen Sie weitere Steuerelemente. Es gibt einen Schieberegler, mit dem Sie Videos und Fotos direkt von der App aus aufnehmen können; die letzte Option ist Live - schieben Sie darüber oder tippen Sie darauf.

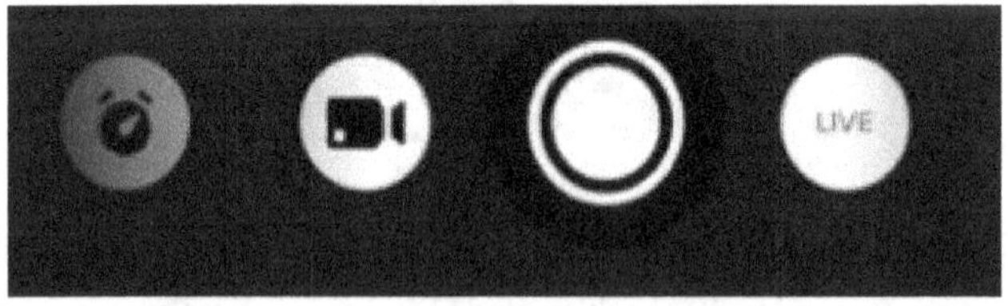

Suchen Sie den gewünschten Ort aus und folgen Sie den Anweisungen, um Ihre Kamera zu aktivieren und mit dem Streaming zu beginnen. RTMP ist eine manuelle Einrichtung. Sie ist etwas komplizierter und erfordert die Kenntnis der Serverinformationen und des Stream-Schlüssels, die möglicherweise nicht verfügbar sind. Eine ausführliche Anleitung finden Sie derzeit auf der GoPro Website/ Live-Stream-Setup.

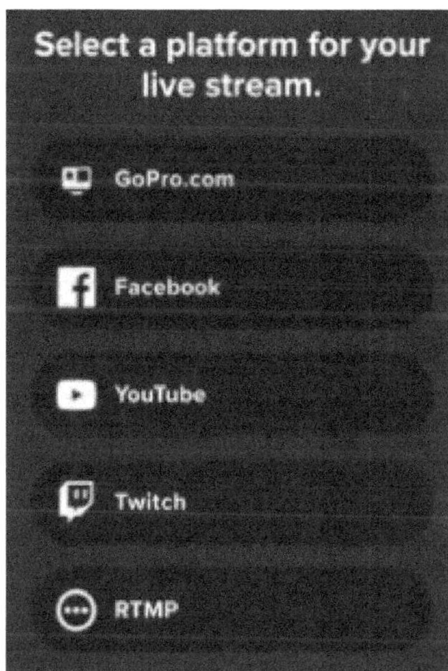
Select a platform for your
live stream.
GoPro.com
Facebook
YouTube
Twitch
RTMP

Einrichten einer Webcam

Die GoPro Hero ist sowohl mit Windows- als auch mit Mac-Computern kompatibel, erfordert aber für beide unterschiedliche Downloads. Um loszulegen, gehen Sie von dem Computer, auf dem Sie die Kamera verwenden möchten, auf die Website GoPro.com, klicken Sie auf Apps und suchen Sie den Link Webcam Link.

Folgen Sie den Anweisungen, je nachdem, welchen Computer Sie verwenden (Windows oder Mac).

Sobald es heruntergeladen ist, können Sie es mit jedem Programm verwenden, das es unterstützt. Sie müssen jedoch zu ihr wechseln. In Zoom zum Beispiel klicken Sie auf den kleinen Pfeil rechts neben der Videotaste und wählen dann GoPro Camera.

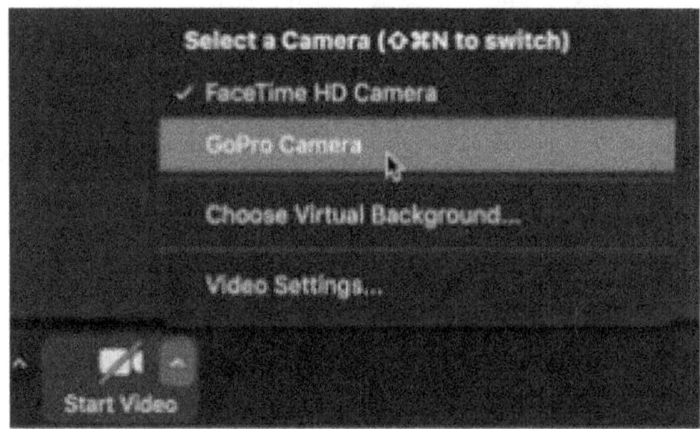

Sie können auch das Objektiv einstellen. Suchen Sie dazu das Symbol in der Taskleiste oder im Menü (nicht in der Software) und klicken Sie auf die Option "Digital Lines".

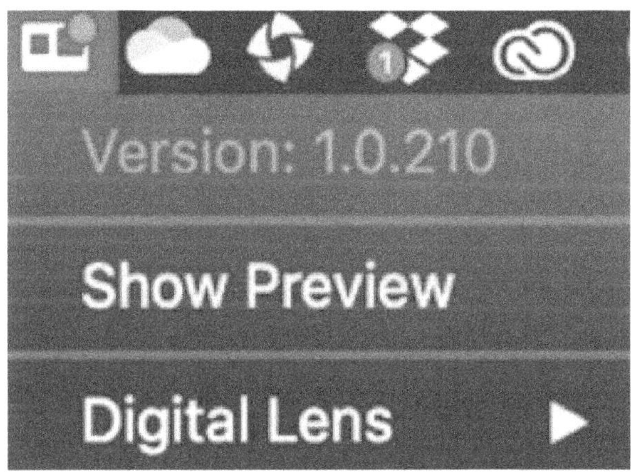

GoPro ist für die meisten gängigen Programme verfügbar (Teams, Zoom, Skype, Meet, Twitch, GoTo, Discord, Slack, Webex usw.)

[6]

Zubehör

Eines der Dinge, die Sie bei der GoPro schnell feststellen werden, ist, dass Sie eine Menge nachrüsten können. Ich spreche nicht nur von Halterungen und Stativen - auch wenn ich diese in diesem Abschnitt erwähnen werde - sondern von dem, was GoPro "Mods" nennt.." Das sind Dinge, die Sie dem Gerät hinzufügen können, damit es noch besser funktioniert!

Mods

Wie oben erwähnt, helfen Mods dazu bei, dass die GoPro noch besser funktioniert. Sie brauchen nicht alle, aber je nachdem, wie Sie die Kamera verwenden, möchten Sie vielleicht ein oder zwei. Die Mods in diesem Abschnitt sind alle mit der Hero9 und der Hero10 kompatibel.

Wenn Sie die GoPro Hero8 haben, gibt es drei Mods die für Sie in Frage kommen: Der HERO8 Black Media Mod verfügt über ein eingebautes Richtmikrofon, einen Mikrofonanschluss, um ein eigenes Mikrofon hinzuzufügen, und einen HDMI-Ausgang, um die Kamera an einen Fernseher anzuschließen; der Display Mod ist ein zweiter Bildschirm, der am Media Mod befestigt wird; der Light Mod sorgt für eine bessere Beleuchtung des Geräts.

Max Objektiv Mod

Wenn Sie möglichst ruhige (stabile) Aufnahmen machen wollen, ist das Zusatzobjektiv eine gute Ergänzung.

Sie bietet einen Ultraweitwinkel von 155 Grad FOV und eine Horizontverriegelung, die dafür sorgt, dass Ihre Videos auf der horizontalen oder vertikalen Achse bleiben, auch wenn Sie die Kamera nicht mittig montieren oder sie ganz nach oben oder unten fährt.

Auf den ersten Blick sieht es nicht so aus, aber das Objektiv der GoPro Hero ist tatsächlich abnehmbar. Um es abzunehmen, drehen Sie es einfach in eine der beiden Richtungen (Hinweis: beim ersten Mal könnte es etwas schwergängig sein).

Sobald sie abgenommen ist, sehen Sie eine Metallhalterung darunter. Sie können die neue Linse direkt aufdrehen.

Der Mod ist sehr leicht, aber wie Sie auf dem Bild unten sehen können, ist er in der Tiefe etwa doppelt so groß.

Ersetzen des GoPro Hero Objektivs

Wenn man bedenkt, dass es sich um eine Action-Kamera handelt, kann man mit der Kamera etwas grob umgehen; sie verträgt eine Menge. Trotzdem könnte sie irgendwann kaputt gehen. Es könnte eine gute Idee sein, eine Ersatz-Schutzlinse zu besorgen. Sie kostet etwa zwanzig Dollar und wird einfach auf die Kamera aufgeschraubt.

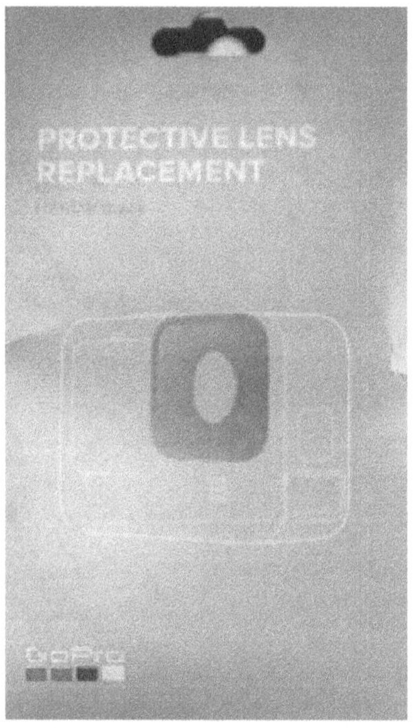

Media Mod

Der Media Mod für die Hero9 und Hero10 ist der gleiche wie der für die Hero8 - er sieht nur anders aus. Aber das Konzept ist dasselbe: eingebautes Mikrofon, Mikrofonanschluss und HDMI-Anschluss.

Display Mod Vorderseitige Kamera Bildschirm

Dies ist ideal für Influencer, die Webinare, Livestreams oder Videos aufnehmen, für die sie eine größere Vorschau benötigen. Sie könnten die Vorschau auf dem Gerät verwenden, aber diese ist zwei Zoll groß und stellt das Vollbild, das Sie aufnehmen, genauer dar. Sie benötigen den Media Mod, um diesen Mod zu verwenden - und Sie können den Hero8 Media Mod verwenden.

Licht-Mod

Diese LED-Leuchte verfügt über 4 Helligkeitsstufen (bis zu 200 Lumen); sie ist ideal für schlecht beleuchtete Bereiche. Es verwendet einen eingebauten Akku, der bis zu 6 Stunden hält. Wie der Display Mod benötigen Sie den Media Mod, um dieses Gerät zu verwenden.

Montiert

Wenn Sie Ihre Kamera benutzen wollen, brauchen Sie auf jeden Fall eine Art von Halterung. Action-Kameras sind schließlich für Action gemacht! Sie werden normalerweise nicht wie eine herkömmliche Kamera oder ein Mobiltelefon verwendet - man läuft herum, zeigt auf sie und schießt. Man bringt sie an Dingen an - an Autos, Fahrrädern oder sogar an sich selbst.

GoPro hat eine Halterung für so ziemlich alles. Es gibt Griffe, die wie Selfie-Sticks funktionieren, und Stative, wenn die Kamera an Ort und Stelle sein soll. Es gibt Gurte, mit denen du die Kamera an dir selbst befestigen kannst - es gibt einen, den du auf dem Kopf tragen kannst, es gibt eine Körperhalterung, die du wie eine Art Hosenträger an dir befestigen kannst, es gibt einen, den du am Handgelenk tragen kannst, und es gibt sogar einen, den du an deinen Hunden befestigen kannst. Wenn Sie die Kamera auf einem Fahrrad, Motorrad oder ähnlichem verwenden, sollten Sie in eine Lenkerhalterung investieren. Wenn Sie die Kamera in Ihrem Auto verwenden möchten (um Ihre Fahrt aufzuzeichnen oder sogar als DashCam), dann ist die Saugnapfhalterung wahrscheinlich das Richtige für Sie.

Batterien und Etuis

Die GoPro verspricht, 1,5 bis 2 Stunden Videos aufzunehmen, je nachdem, welche Einstellungen Sie verwenden. Das ist eine Menge Videos, aber je nachdem, wie Sie die Kamera verwenden, könnten Sie sogar noch länger brauchen. Zusätzliche Batterien sind relativ preiswert - weniger als 30 Dollar. Ich empfehle, mindestens einen als

Reserve mitzunehmen. GoPro empfiehlt, keine Akkus von Drittanbietern zu verwenden, da diese die Kamera beschädigen können. Da die Akkus von Drittanbietern nicht viel billiger sind, würde ich den Rat von GoPro befolgen - Sie möchten nicht aus der Garantie fallen, weil Sie deren Empfehlung nicht befolgt haben, um ein paar Dollar zu sparen.

Sie sollten sich eine Tasche zulegen - sowohl eine Tragetasche für Ihre GoPro und das gesamte Zubehör als auch eine Gehäusetasche, die Ihre GoPro vor versehentlichen Stürzen und Kratzern schützt. Es gibt offizielle Gehäuse oder billigere von Drittanbietern, zum Beispiel bei Amazon.

Die GoPro ist bis zu einer gewissen Tiefe wasserdicht, aber wenn du sie im Wasser oder in der Nähe des Wassers verwendest (z. B. beim Kajakfahren), dann würde ich den Floaty kaufen; der Floaty ist eine Gehäuseeinheit, die schwimmt, wenn du sie fallen lässt. Nehmen wir also an, Sie sind angeln und lassen es versehentlich ins Wasser fallen. Ohne den Floaty wird es ziemlich schnell fallen und Sie werden es vielleicht nicht wiederfinden.

Wenn Sie Geld sparen möchten, empfehle ich Ihnen, sich einige der GoPro-Bundles anzusehen.

Fernbedienung

Eine Bluetooth-Fernbedienung ist auch etwas, das viele Leute in Betracht ziehen könnten.

Mit der Bluetooth-Fernbedienung für 79,99 $ können Sie die Kamera auch dann steuern, wenn sie sich nicht in Ihrer Nähe befindet (bis zu einer Entfernung von 196 Fuß).

Die Benutzeroberfläche ist sehr einfach gehalten; die Idee ist, dass Sie alle Einstellungen vornehmen, bevor Sie das Gerät benutzen. An der Seite befinden sich zwei Tasten (Modus und Konfigurieren).

Auf der Oberseite befindet sich die Ein-/Ausschalttaste.

Schließlich befindet sich an der Unterseite der USB-C-Eingang (sie wird wie andere GoPro-Kameras und -Zubehörteile über USB-C geladen).

Wenn Sie das Gerät zum ersten Mal einschalten, haben Sie zunächst die Möglichkeit, es zu koppeln.

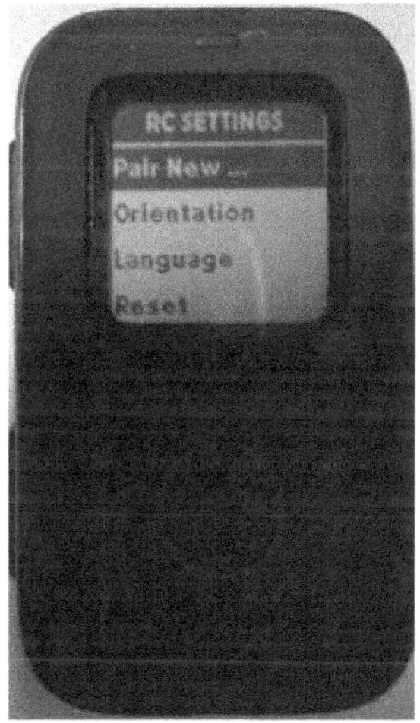

Um eine Kopplung durchzuführen, müssen Sie zu Ihrer Kamera zurückkehren und den Kopplungsmodus aktivieren.

Um in den Kopplungsmodus zu gelangen, gehen Sie in den Einstellungsbereich Ihrer Kamera, dann auf Verbindungen und schließlich auf Gerät verbinden.

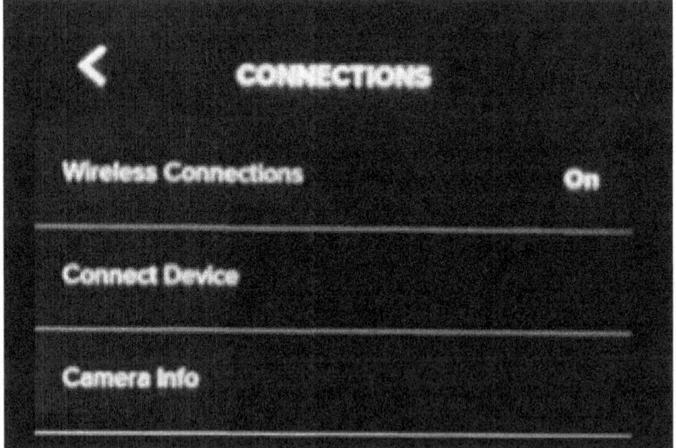

Die Fernbedienung wird in der Liste der verfügbaren Geräte angezeigt, mit denen eine Verbindung hergestellt werden kann. Sobald Sie darauf tippen, wird die Verbindung innerhalb von Sekunden hergestellt.

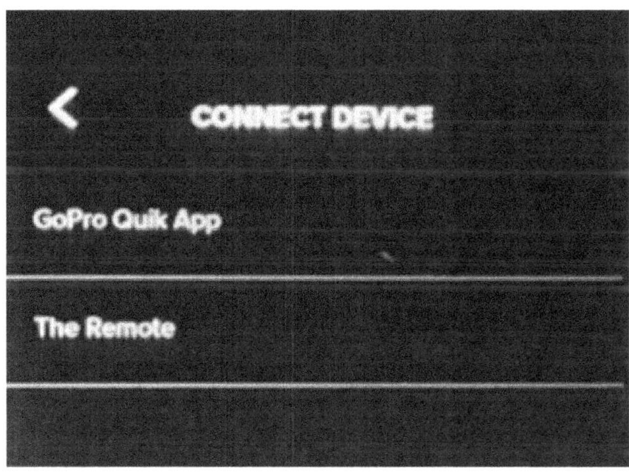

Mit der Fernbedienung können Sie nun Videos starten und stoppen und Fotos aufnehmen. Verwenden Sie die Modustaste an der Seite, um zum richtigen Modus zu wechseln, und verwenden Sie dann die große Auslösetaste an der Vorderseite der Fernbedienung, um Videos zu starten und zu stoppen oder Fotos aufzunehmen.

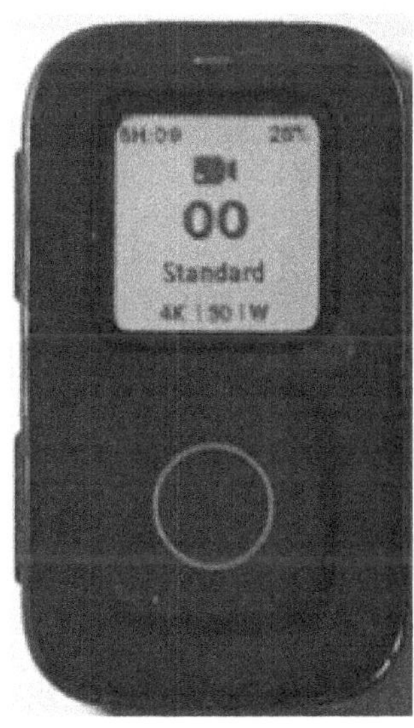

Um einen Modus zu konfigurieren, suchen Sie den gewünschten Modus und drücken Sie dann die Konfigurationstaste an der Seite.

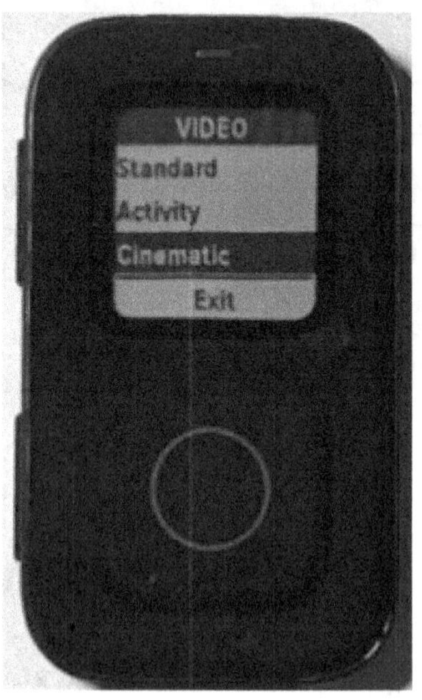

GoPro-Abonnement

Die meisten GoPro-Zusatzgeräte sind reale Gegenstände - Taschen, Batterien, sogar Kleidung. Aber es gibt auch digitales Zubehör. Das GoPro-Abonnement ist eines davon, und es ist ein ziemlich gutes Angebot, je nachdem, wie Sie die Kamera verwenden. Was ist es und ist es das Richtige für Sie? Schauen wir uns das mal an.

Das Abonnement, das zur Zeit 49,99 $ kostet, hat drei Hauptmerkmale:

- Unbegrenzte Cloud-Sicherung und automatische Uploads
- 50% Rabatt auf ausgewählte Artikel und bis zu $100 Rabatt auf eine neue GoPro-Kamera
- Austausch der Kamera ohne Fragen zu stellen

Der Austausch der Kamera wird wahrscheinlich die meisten Blicke auf sich ziehen - aber es gibt auch einen Haken: Es ist zwar kostenlos, aber nicht so kostenlos, wie es klingt. Erstens können Sie dies nur zwei Mal pro Kalenderjahr tun. Zweitens hat es seinen Preis. Nehmen wir an, Sie erleben ein Abenteuer und, hoppla, die Kamera fällt herunter und geht kaputt. Sie brauchen einen Ersatz. Ja, es werden keine Fragen gestellt, aber es fallen auch Gebühren an. Nachstehend finden Sie eine Aufschlüsselung der Gebühren:

HERO10 Schwarz	$99
HERO9 Schwarz	$99
MAX	$99
HERO8 Schwarz	$79
HERO7 Schwarz	$79
HERO7 Silber	$69
HERO7 Weiß	$69
HERO (2018)	$69
HERO6 Schwarz	$69
Fusion	$69
HERO5 Schwarz	$69
HERO5 Sitzung	$69
Karma	$129
Karma-Griff	$69

Das ist viel billiger, als die Kamera zum vollen Preis zu ersetzen, aber natürlich nicht kostenlos. GoPro ersetzt auch keine verlorenen Kameras.

Was ist mit diesen Rabatten? 50% Rabatt klingt gut! Sind sie auch. Aber es gibt nicht auf alles 50 % Rabatt - nur auf einige Dinge. Es gibt kleinere Rabatte auf die meisten Dinge, und es ist tatsächlich ein ziemlich gutes Geschäft, wenn dies Ihre erste Kamera ist und Sie eine Menge Zubehör kaufen. Der Rabatt von 50 % gilt vor allem für Halterungen, Rollcages und Ersatzteile; auf die meisten anderen

Artikel im GoPro Store gibt es 20 % Rabatt, was für Dinge wie das Objektiv Mod für 99 $ ein ziemlich gutes Angebot ist. Außerdem gibt es 30 % Rabatt auf ausgewählte Artikel (vor allem auf das Licht und den Media Mod). Im Hinblick auf die Kameras, das Abonnement erhalten Sie $ 100 von der Hero10 und $ 50 von der Hero9.

Das A und O des Abonnements könnte die unbegrenzte Datensicherung sein. Möglicherweise zahlen Sie bereits für Cloud-Speicher an anderer Stelle; trotzdem wird dieses Backup die Dinge für Sie viel bequemer machen. Sie müssen die Dateien nicht in eine andere Cloud übertragen. Das ist viel nahtloser. Denken Sie auch daran, dass die Sicherungen in voller Qualität erfolgen. Es wird keine kleinere, niedriger aufgelöste Version des Videos gesichert; Videos nehmen schnell viel Platz in Anspruch. Dadurch werden auch die Premium-Bearbeitungswerkzeuge in der Quik App (einschließlich eines Geschwindigkeitstools, Filtern, Premium-Themen und Originalmusik). Dies kostet 9,99 $ pro Jahr, wenn Sie kein Abonnement haben.

Wenn Sie Livestreaming betreiben, erhalten Sie mit dem Abonnement einen privaten Link, der für Sie wertvoll sein könnte.

Lohnt es sich also? Wenn dies Ihre erste Kamera ist, dann macht sich das Abonnement mit den 100 Dollar Rabatt schon bezahlt. Wenn Sie aufrüsten oder entscheiden wollen, ob Sie Ihr Abonnement fortsetzen sollen, dann kommt es darauf an, wie mühelos Sie es haben möchten. Wenn Sie einen anderen Cloud-Dienst nutzen und die Bearbeitungstools nicht verwenden, können Sie Ihre Daten immer noch dort sichern, aber das ist ein zusätzlicher Schritt. Ich persönlich halte das Abonnement für sehr günstig.

Index

W

Über den Autor

Scott La Counte ist Bibliothekar und Schriftsteller. Sein erstes Buch, *Quiet, Please: Dispatches from a Public Librarian* (Da Capo 2008) war die Wahl des Herausgebers der Chicago Tribune und ein Entdeckungstitel der Los Angeles Times; 2011 veröffentlichte er das Jugendbuch The N00b Warriors, das ein Amazon-Bestseller wurde; sein jüngstes Buch ist *#OrganicJesus: Finding Your Way to an Unprocessed, GMO-Free Christianity* (Kregel 2016).

Er hat Dutzende von Bestsellern mit Anleitungen zu technischen Produkten geschrieben.

Sie können ihn unter ScottDouglas.org erreichen.